왜
가야는 하나로
통일되지
못했을까?

04
역사공화국
한국사법정

교과서 속 역사 이야기, 법정에 서다

월광 태자 vs 진흥왕

왜 가야는 하나로 통일되지 못했을까?

글 조원영 | 그림 이주한

㈜자음과모음

'어떻게 하면 가야사를 어린이와 청소년들에게 쉽게 설명해 줄 수 있을까?' 아마 가야사를 연구하는 많은 연구자들은 항상 마음속에 이런 고민을 품고 있으리라 생각합니다. 저 역시 가야에 대하여 얕은 지식이나마 알기 시작하면서 어린이와 청소년들에게 쉽고 재미있게 가야의 역사와 문화를 설명해 주면 좋겠다고 생각했습니다.

그나마 최근 들어 성인들을 대상으로 가야사의 연구 성과를 소개해 주는 서적들이 출간되고 있습니다. 고구려, 백제, 신라 삼국의 역사보다는 잘 알려지지 않았던 가야의 역사에 대하여 역사 연구자들이 일반인에게 보다 이해하기 쉽게 소개하고자 노력하는 것은 참으로 고무적인 현상이라 할 수 있습니다. 저도 최근에 성인들을 위해가야사 서적을 출간하기도 했습니다만 역사학 용어나 고고학 용어에 대해서 생소한 사람들로서는 사실 이런 서적에서도 원하는 만큼친절한 설명을 기대하기란 쉽지 않습니다.

왜 그럴까요? 그건 아마도 가야와 관련한 문헌 자료가 부족한 상황에서 가야사를 제대로 서술하는 것이 여간 어려운 일이 아니기 때문일 것입니다. 가야의 역사를 설명하기 위해서는 문헌 자료가 없는 시기뿐만 아니라 설령 문헌 자료가 남아 있는 시기라 할지라도 연도가 불분명하거나 너무 단편적인 경우에는 어쩔 수 없이 발굴 조사를 통해서 획득한 고고학 자료를 이용하거나 역사가의 상상력에 의존할 수밖에 없습니다. 게다가 새로운 발굴 조사를 통해 나타난 결과가 기존에 있던 문헌 자료의 내용과 어긋나기라도 하면, 즉 같은 역사적 사건인데도 고고학과 문헌사에서 차이가 날 때에는 각각의 연구자들마다 다양한 해석이 쏟아져 나올 수밖에 없습니다. 이런 여러 제약 때문에 가야사를 일목요연하고 좀 더 쉽게 알린다는 것은 너무나 어려운 일이 아닌가 싶습니다.

요즘 세대는 자료의 홍수 속에 살고 있습니다. 그럼에도 새로운 정보를 얻을 수 있는 책을 읽어 보라고 하면 상당히 지루해 하는 것이 사실입니다. 학예사라는 직업 때문에 박물관 교육을 통해 많은 학생을 접하게 됩니다. 대부분의 학생이 역사를 딱딱하고 외울 것이 많은 흥미 없는 교과목으로 생각하고 있습니다. 그러니 역사책을 읽는 것에 흥미를 느끼는 학생들이 별로 없는 게 오히려 당연한 것처럼 보입니다.

그럼, 교과서처럼 딱딱한 형식이 아니라 학생들이 공감할 수 있는 새로운 형식으로 역사를 서술하면 어떨까? 이렇게 생각하고 있던 차에 법정 드라마 형식으로 가야사를 엮어 보자는 요청을 받았을

왜 가야는 하나로 통일되지 못했을까?

때 참으로 참신한 아이디어라고 생각했습니다. 어쩌면 이런 형식이라면 가야에 대한 설명을 좀 더 쉽고 흥미 있게 풀어내는 좋은 방법이 될지도 모르겠다는 느낌이 들었습니다. 그래서 가야를 멸망시킨 신라의 진흥왕을 피고로, 가야의 마지막 왕자인 월광 태자를 원고로 설정하여 법정 공방 속에서 가야에 대한 이야기를 풀어 보았습니다. 가야사의 첫 장면부터 멸망까지의 내용이 법정이라는 무대에서 긴장감 있게 전개되는 과정을 살펴볼 수 있을 것입니다.

이 책은 청소년들의 눈높이에 맞춰서 가야사를 서술함으로써 가야사를 제대로 읽을 수 있는 관점을 제시하고 있으며, 가야의 역사와 문화를 쉽게 이해할 수 있도록 풍부한 유적과 유물 자료 및 삽화 등을 활용했습니다. 나름 열심히 준비한 이 책을 통하여 어린이와 청소년들이 한국 고대사에 대한 올바른 역사관을 가질 수 있게 되기를 기대합니다.

글을 마무리하면서 이렇게 가야를 알릴 기회를 준 역사공화국 한국사법정 시리즈를 기획한 (주)자음과모음 임직원 여러분께 깊은 감사의 마음을 전합니다. 그리고 이 자리를 빌려 항상 저를 격려하고 든든한 후원자가 되어 준 우리 가족 모두에게 평소에는 쓸데없이 과묵하여 미처 말하지 못했던 제 마음을 꼭 전하고 싶습니다. "언제나 사랑합니다."

조원영

5세기 후반 가야 연맹은 크게 성장했다. 하지만 6세기에 이르러 백제와 신라 중간에서 크게 위축되었고, 불안한 정치 상황이 계속되었다. 삼국이 이미 중앙 집권 체제를 마련한 것과 달리 가야 연맹은 각 소국으로 나누어져 지배력을 집중시키지 못했다.

중학교   역사

II. 삼국의 성립과 발전
  2. 삼국의 발전
    (4) 가야가 연맹 왕국 단계에서 멸망하다

낙동강 하류 유역의 변한 땅에서 가야의 여러 나라가 일어났다. 가야는 연맹 왕국으로 초기에는 김해의 금관가야가, 후기에는 고령의 대가야가 가야 연맹을 주도했다.

소국들이 모여 연맹체를 이루고, 한 명의 왕과 대등한 권력을 가진 족장들이 있는 형태가 바로 연맹 왕국이다. 이후 중앙 집권적 고대 국가로 성장하면서는 왕이 귀족들을 관리하는 형태가 된다. 부여와 가야는 고대 국가로 성장하지 못한 채 삼국에 흡수되었다.

고등학교 | **한국사**

Ⅰ. 우리 역사의 형성과 고대 국가
　3. 삼국, 교류와 경쟁 속에서 발전하다
　　(1) 삼국, 중앙 집권적 고대 국가로 성장하다

Ⅰ. 우리 역사의 형성과 고대 국가
　3. 삼국, 교류와 경쟁 속에서 발전하다
　　(2) 삼국 간의 상호 항쟁이 본격화되다

신라는 6세기 들어 지증왕, 법흥왕, 진흥왕 때에 국력이 크게 팽창했다. 법흥왕 때에 금관가야를 병합하여 영토를 확장했고, 진흥왕 때에 대가야를 정복했다.

42년경	수로왕, 가락국 건국
	이진아시왕, 가라국 건국
48년경	아유타국 공주 허황옥, 수로왕과 혼인
102년	수로왕, 신라의 요청으로
	음즙벌국과 실직곡국의 영역 다툼 해결
215년	골포국, 칠포국, 고사포국 왕이 신라의 갈화 공격
346년	가락국 5대 이시품왕 즉위
366년	탁순국 왕 말금한기, 백제에 왜국 사신을 중개
400년	고구려가 가야와 왜의 연합군을 격파,
	가락국 항복
452년	가락국 질지왕, 왕후사(王后寺) 창건
522년	가라국, 신라와 결혼 동맹 맺음
529년	신라, 결혼 동맹 파기
	안라국, 안라 회의 개최
532년	가락국, 신라에 항복
541년	백제 성왕, 제1차 사비 회의 개최
554년	백제를 도와 참전, 관산성 전투
560년	안라국, 신라에 의해 멸망
562년	가라국이 신라에 의해 멸망하며 가야 10국이 모두 멸망

원고 **월광 태자(523년경 ~ ?)**

나는 가라국 이뇌왕의 아들이자 가라국의 마지막 태자인 월광이라고 합니다. 신라에 의해 나라가 사라져 후대 사람들이 '가야'라는 나라를 제대로 알지 못하는 것이 마치 내 책임인 것 같아 늘 안타까웠습니다.

원고 측 변호사 **오진실**

사람들이 오해하는 역사 속 진실이 있다면, 그것을 바로잡는 것이 바로 나의 사명이라고 여기고 열심히 뛰는 변호사랍니다.

원고 측 증인 **갑우내**

가락국 2대 임금인 거등왕의 신하 갑우내라고 합니다. 비록 보잘것없는 하급 관리였지만 국제 무역과 관련된 중요한 일을 했다고 자부합니다.

고구려 제19대 왕입니다. 신라 진흥왕이 정복 군주라
고 하나 나한테는 비교가 안 되지요. 고구려의 영토
를 가장 크게 넓혔으니까요. 아마 한국인이라면 나를
모르는 사람은 없을 겁니다. 모두 내 앞에만 서면 벌
벌 떨지요.

가락국 제5대 왕 이시품이라고 합니다. 고구려와의
전쟁 상황을 증언해 달라고 하니 새삼 그때가 떠올라
착잡해지는군요.

가락국을 건국한 수로왕이라고 합니다. 발달한 철기
문화로 기존의 부족들을 제압하고 나라를 세웠지요.
당시에는 신라 왕도 내 앞에서 꼼짝 못했소.

피고 진흥왕(534년 ~ 576년 재위 : 540년~576년)

나는 신라 제24대 왕이라오. 신라의 전성기가 바로 이 진흥왕, 내 재위 기간에 이루어졌다는 것은 다 알고 있을 거요. 백제와의 싸움에서 큰 승리를 거둔 관산성 전투나 가라국을 정벌한 이야기도 물론 알 것이오. 위대한 정복 군주라 불러 주시면 감사!

피고 측 변호사 이대로

역사공화국에서 명변호사로 널리 알려진 이대로입니다. 역사적 진실은 쉽게 변하는 것이 아니라고 생각하는 변호사이지요. 여러분, 기존의 역사적 평가는 다 이유가 있다니까요~!

피고 측 증인 성왕

백제의 중흥을 이끌었던 제26대 국왕 성왕이오. 가야와 백제의 관계를 증언하기 위해 이 자리에 왔지요. 가야와 백제는 사이가 썩 좋진 못했지만 백제가 가야에 선진 문물을 많이 전해 주었소이다.

역사공화국에 오고 보니 고구려의 왕산악, 조선 시대의 박연과 함께 나를 '3대 악성'이라고 한다더군요. 가야가 망하는 것을 보고 신라로 망명한 내가 무슨 낯으로 이 자리에 왔는지……. 하나 그 당시 상황에 대한 증언이 필요하다니, 참된 역사를 이해하는 데 도움이 되고자 나왔소.

신라 제4대 왕 석탈해라고 합니다. 수로왕과 맞장을 뜬 적도 있지요. 아, 당시 내가 두려워 도망친 것이 절대 아니라는 걸 이 자리를 빌려 밝히는 바요.

신라 제17대 왕 내물왕입니다. 내가 왕위에 오른 뒤부터 신라는 김씨에 의해 왕위가 세습되었고, '마립간'이라는 왕호도 사용하기 시작했답니다.

"가야는 한때 신라보다
강했던 나라입니다"

여기는 역사 속 영혼들의 나라인 역사공화국. 며칠째 사건 의뢰가 들어오지 않아 초조한 마음에 오진실 변호사는 깜깜한 밤이 될 때까지 사무실을 떠나지 못했다.

"여기 영혼들의 나라에도 여전히 달은 밝게 빛나고 있구나. 그나저나 왜 이리 일거리가 없는 거지?"

오진실 변호사가 중얼거리며 밤하늘에 떠오른 환한 달을 바라보고 있었다.

"아름다운 월광이군요."

문 쪽에서 들려오는 낯선 사람의 말소리에 오진실 변호사는 창밖을 보던 눈을 거두고 말소리가 들려온 쪽을 바라봤다.

"누구신지요?"

오진실 변호사의 물음에 남자는 깊숙이 쓰고 있던 모자를 벗고 공손히 합장을 하며 인사했다.

"나는 월광 태자라고 합니다. 가야의 마지막 왕자이지요."

오진실 변호사는 얼떨결에 두 손을 모아 불교식 인사를 따라 했다.

"아, 스님이셨군요. 그런데…… 월광(月光)이라고요? 월광이란 달빛을 뜻하는 한자어 아닌가요?"

"그렇습니다. 내 이름은 석가모니 부처님의 전생 중 하나였던 월광보살에서 따온 것입니다. 온 세상을 달빛처럼 비추며 다스리라는 의미가 있지요. 그런데……."

이름의 의미를 설명하던 월광 태자의 얼굴이 어두워지기 시작하자 오진실 변호사가 고개를 갸웃거렸다.

"훌륭한 의미가 있는 좋은 이름인데 왜 그렇게 슬픈 얼굴을 하고 계십니까?"

"……백성들을 덕으로 다스릴 기회를 얻지도 못한 채 나라가 망했기 때문이지요. 오진실 변호사도 고구려, 백제, 신라에 대해서는 잘 알고 있겠지만, 우리 가야에 대해서는 아마 많이 들어 보지 못했을 거예요."

"예전에 학교에서 삼국 시대 역사를 배울 때 함께 들었던 것 같기는 한데……. 고구려, 백제, 신라와 달리 여러 나라가 모인 연맹 왕국이 아닌가요? '가야금'이란 악기도 가야에서 만든 것이고요."

오진실 변호사의 말을 듣던 월광 태자가 한숨을 푹 내쉬며 말했다.

"역시……. 역사를 바로잡는 데 관심이 많은 오진실 변호사도 가야에 대해서는 잘 모르는군요. 아, 물론 교과서에서도 가야의 역사를 제대로 설명하지 않는 데다 가야에 대해 알 수 있는 책들도 별로 없으니, 모르는 게 오 변호사의 탓은 아닙니다. 다만 나는 우리 가야가 한때는 삼국을 통일한 신라보다 더 강한 나라였다는 것을 후대 사람들이 잘 알지 못하는 것이 속상하고 분할 뿐입니다!"

가야에 대해 아는 것을 더 말해 보려던 오진실 변호사는 월광 태자의 단호한 말투에 놀라 질문을 이었다.

"아니, 가야가 신라보다 강한 나라였다고요? 가야는 강력한 통일 국가를 이루지 못한 채 작은 나라들이 모여 있다 맥없이 멸망해 버린 나라로 알고 있는데요……."

"바로 오 변호사처럼 그렇게 생각하는 사람들 때문에 내가 오늘 여기에 찾아오게 된 것입니다. 가야에 대한 잘못된 인식, 그걸 만들어 낸 사람들 가운데 한 명인 신라의 진흥왕을 상대로 역사 재판을 벌이기 위해서지요!"

재판이라는 말에 오진실 변호사는 눈을 반짝이며 월광 태자에게 다가가 손을 덥석 잡으며 말했다.

"월광 태자님, 잘 찾아오셨습니다. 제가 누굽니까? 역사를 바로잡는 것에 이 한 몸을 바친 변호사 오진실입니다. 가야에 대해 지금까지는 잘 몰랐지만, 재판 날까지 열심히 공부해서 진실을 밝히는 데 온 힘을 다하겠습니다!"

얼떨결에 손을 잡혀 당황하던 월광 태자는 오진실 변호사의 진지한 눈빛을 보더니 곧 두 손으로 굳게 잡으며 말했다.

"그럼, 부탁하겠습니다. 일단 지금부터 우리 가야라는 나라에 대해 설명을 드리도록 하지요. 가야는 말입니다⋯⋯."

오진실 변호사는 봇물 터지듯 쏟아내는 월광 태자의 이야기를 듣느라 날이 밝아 오는지도 몰랐다.

가야 연맹의 흥망성쇠

공동의 목적을 가진 단체나 국가가 서로 돕고 행동을 함께할 것을 약속하거나 그런 조직체를 가리켜 '연맹'이라고 합니다. 기원 전후부터 562년까지 낙동강 하류 지역에는 여러 국가가 연맹 왕국 형태를 띠고 있었는데, 그 지역에 있던 각 국가들을 가리켜 '가야'라고 하지요. 대표적으로 대가야, 금관가야, 성산가야, 아라가야, 고령가야, 소가야 등이 있었습니다. 일연이 쓴 『삼국유사』의 '가락국기'에도 가야에 대한 기록은 남아 있지만 그 양이 적어 가야의 역사를 속속들이 알기에는 어려움이 있는 것이 사실입니다.

일반적으로 가야는 『삼국지』의 '동이전'에 나오는 변한 12국에서 발전한 것으로 보고 있습니다. 작은 나라, 즉 소국이 연맹을 맺은 형태로 초기에는 김해의 금관가야가 문화 중심으로 발전된 면모를 보였고, 5세기 중엽에는 고령의 대가야를 중심으로 힘을 모았습니다. 하지만 가야는 하나의 국가로 통합되지 못하여 힘을 하나로 모아 함께 대처해 나가는 데 많은 어려움이 있었습니다.

그럼 가야 사람들의 생활은 어떠했을까요? 가야 지역은 기후가 온난하고 땅이 비옥하고 평야가 많았지요. 그뿐만 아니라 질 좋은 철광산이 산재하여 철 생산에도 높은 성과를 보였습니다. 김해 대성동 2호 분에서 출토된 철로 만든 여러 유물을 통해 이를 확인할 수 있지요. 또한 가야는 낙동강과 바다를 이용한 수상 교통의 이점을 활용하여 백제와 왜(일본) 사이의 중개 역할도 했습니다. 물론 자신들이 만든 철제 물품을 팔기도 했지요.

이처럼 활발하게 활동하던 가야는 신라에 의해 멸망하고 맙니다. 직접적인 멸망 원인은 562년 대가야가 신라의 이사부가 이끄는 2만 대군을 막아내지 못한 데서 찾을 수 있지요.

가야는 여러 가지 요인 때문에 주변의 소국들을 하나로 뭉쳐 중앙 집권 체제를 마련하는 데 어려움이 있었습니다. 그런 까닭에 백제나 신라로부터 여러 위협을 받았지만 한목소리로 대처할 수 없었지요. 자신들의 힘을 하나로 모으기 어려웠던 것이 결국 가야의 멸망을 가져왔습니다.

원고 | 월광 태자	대리인 | 오진실 변호사
피고 | 진흥왕	대리인 | 이대로 변호사

청구 내용

가야는 500년 이상이나 역사의 무대에서 당당히 존재했던 국가였습니다. 그런데 불행히도 고구려와 백제가 망하기 100년 전, 신라에 멸망했다는 이유만으로 나라로서 제대로 된 대접도 못 받고, 오늘날 역사 교과서에서 불과 한 장도 안 되는 분량으로 다루어지고 있습니다.

고구려와 백제도 우리에게 잘한 건 없지만, 특별히 신라를 상대로 이렇게 소송을 제기한 이유는 오랜 세월을 함께 이웃하며 지내던 신라가 우리 가야를 한순간에 역사 속에서 깡그리 없애는 잔인한 행위를 했기 때문입니다. 잘 모르시겠지만, 사실 가야는 한때 신라보다 더 우월한 나라였습니다.

그런데 이 신라라는 나라가 아주 파렴치한 행동을 한 것입니다. 강한 자의 힘을 빌려서 약한 상대를 괴롭힌 것이지요. 그러니까 가야가 통일 국가로 발전하지 못하고 쇠퇴하다가 결국 망하게 된 것은, 신라가 고구려에 빌붙어서 고구려 군대를 동원했기 때문입니다. 또 아시겠지만 삼국 통일 역시 당나라의 힘을 빌려 같은 민족의 나라를 멸망시킨 것 아닌가요?

가야로서는 역사의 승자가 신라라는 점이 너무나 못마땅하고 애석

한 일일 수밖에 없습니다. 비열하고 잔인한 신라가 뒤통수를 제대로 치는 바람에 한때 신라보다도 강했던 우리 가야가 너무 쉽게 무너져 버렸기 때문이지요.

가야가 삼국과 어깨를 나란히 했던 적도 있었다는 사실을 아는 사람이 얼마나 될까요? 저는 왜곡되고 축소된 가야사를 더 이상 두고 볼 수가 없었습니다. 가야사에 대한 진실을 알리고 실추된 명예를 회복하고자 이 소송을 제기하게 되었습니다.

입증 자료

- 중학교 역사 교과서
- 고등학교 한국사 교과서
  그 외 자료 추후 제출하겠음.

위 청구인 월광 태자
역사공화국 한국사법정 귀중

가야와 신라 중 어느 나라가 더 강한 나라였을까?

1. 가야는 어떤 나라였을까?
2. 가야가 발전할 수 있었던 힘은 어디에서 나왔을까?

1

가야는
어떤 나라였을까?

판사 자, 그럼 월광 태자 대 진흥왕의 재판을 시작하도록 하겠습니다. 먼저 원고 측 변호인이 오늘 사건을 간단히 요약해 주시겠습니까?

오진실 변호사 네, 판사님. 이번 사건은 삼국 시대 한반도 남부에서 일어난 이야기입니다. 그 당시 낙동강 서쪽에는 가야라는 나라가 있었고, 동쪽에는 신라가 있었지요. 그런데 오늘날 아이들은 신라에 대해서는 잘 알고 있지만 가야에 대해서는 잘 모릅니다. 가야에 대한 교과서의 내용이 너무 빈약하여 과연 가야가 어떤 나라였는지 도저히 이해하기 어렵습니다.

그저 가야는 신라에 정복당해 멸망함으로써 역사 무대에서 맥없이 사라진 작은 나라일 뿐이고, 가야를 멸망시킨 신라의 진흥왕은 신라의 발전을 이룩한 영웅으로서 역사 무대의 주인공이 되어 버렸지요.

　이에 원고 월광 태자는 신라가 비열하게 고구려 군대의 도움을 받아 가야의 힘을 꺾어 통일을 이룩하지 못하게 했으며, 가야 백성 또한 신라에 의해 잔인하게 죽임을 당했으므로, 본 법정에 가야 멸망에 결정적인 역할을 한 신라 진흥왕을 세워 그 책임을 묻고자 하는 것입니다.

　오진실 변호사가 소송을 제기한 이유를 설명하자, 방청석이 술렁거렸다.

이찬 비조부
이찬은 신라의 17관등 중 2등급에 속하는데, 혈통에 따라 나눈 신분 제도인 골품 제도에서 진골만 받을 수 있는 관등입니다. 나라의 중대사를 의논하는 화백 회의를 이끌어 가는 상대등에 임명되어 귀족과 왕권 사이의 권력을 조절하는 기능을 수행했지요. 비조부는 생몰연대는 알 수 없으나 법흥왕 때의 관리입니다.

"진흥왕이라면 신라 최대의 부흥을 이끌었던 분 아닌가. 그런 분에게 책임을 묻는다고?"

"시험 때 진흥왕의 많은 업적을 외우느라 진땀을 뺀 기억이 있는데, 그 훌륭하신 분이 설마……."

방청객 대부분은 믿지 못하겠다는 분위기였다.

판사　좋습니다. 그럼, 원고는 일단 발언을 시작하기 전에 자기소개부터 해 주실까요?

월광 태자　안녕하십니까. 나는 가라국 이뇌왕의 아들이자 가라국 마지막 태자, 월광이라고 합니다. 우리 가라국은 보통 대가야라고 불리는데, 대가야는 '주위의 다른 가야 나라들보다 큰 가야'라는 의미입니다.

나의 어머니는 신라의 **이찬 비조부**의 누이인데, 우리 가라국과 신라가 사이가 좋을 때는 왕실끼리 혼인을 했습니다. 두 나라의 우의를 더욱 돈독하게 하자는 뜻으로 아버님이 청혼하여 어머니를 모셔 온 것이지요. 그러나 가야는 굳건한 나라를 만들기 위해 가야국들의 통합을 시도하였고, 신라는 남쪽 바다로 나아가는 데 걸림돌이 되는 가야국이 강대해지는 것을 한사코 경계하고 방해했지요. 이런 상반된 두 나라의 태도가 충돌을 빚으면서 가야와 신라는 돌이킬 수 없는 사이가 돼 버린 것이지요. 이후에 신라 여인의 아들인 나의 처지가 어떠했을지는 모두들 짐작할 수 있겠지요?

판사　그렇다면 원고에게 신라는 어머니의 나라가 되는군요. 원고는 신라에 마음으로 끌리는 부분도 있을 텐데, 이렇게 진흥왕을 상대로 소송을 제기한 것을 보니, 신라에 큰 원한이 있는 것 같습니다.

오진실 변호사 그렇습니다, 판사님. 사실 제 의뢰인은 부모님이 나라 간의 정치적인 이해관계로 혼인한 결과 태어났기 때문에 참으로 불행한 분이라 할 수 있어요. 정상적으로라면 태자로서 왕위에 오를 수도 있었을 텐데, 어머니의 나라인 신라가 군대를 동원하여 가야를 멸망시켜 버렸으니…….

경상남도 합천에 위치한 월광사지 전경

하지만 자신이 왕위에 오르지 못한 안타까움보다 더욱더 원고의 마음을 아프게 하는 것은 가야가 신라 때문에 힘을 잃었다는 점입니다. 원고가 이렇게 생각하는 데는 다 이유가 있는데, 그 이유를 알기 위해서는 먼저 가야가 과연 어떤 나라였는지부터 아셔야 할 것 같습니다.

판사 좋습니다. 나도 가야에 대해서는 궁금한 점이 많습니다.

오진실 변호사 원고에게 가야에 대해 몇 가지 질문을 드릴 테니 답변해 주시기 바랍니다. 원고는 어린 시절 가야의 역사에 대해서 스승님들로부터 많이 배웠겠지요?

월광 태자 물론입니다.

오진실 변호사 그럼, 우선 이 질문부터 드려야겠군요. 우리가 보통

『삼국유사』에는 '오가야'라는
대목이 있습니다. 일반적으로는
육가야로 알고 있는데, 왜 『삼
국유사』에는 오가야라고 되어
있을까요? 그것은 후대의 사람
들이 『삼국유사』를 읽고 오가야
와 금관가야를 합쳐서 육가야라
고 했기 때문입니다. 일연 스님
은 애초에 금관가야를 다른 가
야와 분리하여 '가락국기'라는
항목을 마련하여 설명했지요.

'○○가야'라고 하잖아요? 예를 들면 '금관가야', '대가야',
'아라가야'라는 이름들 말이죠. 또 '가라'라고도 하더군요. 일
본에서는 '임나'라고도 부른다지요? 도대체 가야는 나라 이
름이 왜 이리도 많은 건가요?

월광 태자   가야는 고구려, 백제, 신라처럼 한 나라가 아
닙니다. 지금의 경상남도와 경상북도 일부, 전라남북도 일
부 지역에 흩어져 있던 여러 나라를 모두 합쳐 가야라고
부르는 것이지요. 그런데 정작 내가 살던 시대에는 가야라
는 이름을 사용하지 않았습니다.

금관가야, 대가야, 아라가야, 소가야 등의 가야 이름은 신라와 고
려 시대에 붙여진 이름이고, 당시에는 각각 '가락국', '가라국', '안라
국', '고자(고차)국'이라고 불렀습니다. '임나'라는 나라 이름은 가야
의 여러 나라가 김해의 가락국이나 고령의 가라국을 높여서 '님[主]
의 나라'로 불렀던 데에서 나온 이름이고요. 또 일본으로 건너간 많
은 가야 사람들이 떠나온 고국을 '임나'라고 불렀다고 합니다.

오진실 변호사   가야라는 이름이 나중에 붙여진 것이라니 놀랍군
요. 여기서 잠깐, 우리가 보통 가야를 이야기할 때 '육가야(六伽倻)'라
고 많이들 얘기하잖아요? 그러면 가야는 여섯 개 나라밖에 없었다
는 건가요?

월광 태자   그건 정말 오해에서 비롯된 이야기입니다. 가야는 적어
도 열두 나라 이상이 있었어요. 우리 가라국과 함께 멸망한 나라만
해도 열 개나 되고요.

『삼국지』
여러분은 『삼국지』 하면 소설, 영화, 게임 등으로 잘 알고 있죠? 그런데 여러분이 알고 있는 『삼국지』는 중국 명나라 때 나관중이 쓴 소설 『삼국지연의』를 말합니다. 진수가 쓴 『삼국지』도 중국이 위나라, 촉나라, 오나라로 나누어져 있던 삼국 시대를 다루고 있습니다만, 이 책은 소설가가 대중에게 읽히기 위해 쓴 글이 아니라 역사가가 편찬한 중국의 정통 역사책이라는 점에서 차이가 있습니다.

육가야는 고려 시대 때 일연 스님이 편찬한 『삼국유사』에서 만들어 낸 나라일 뿐입니다. 『삼국유사』 중 가락국이 세워진 때를 묘사한 부분을 보면, "하늘에서 여섯 개의 둥근 알이 내려와 그 하나는 수로왕이 되었고, 나머지 다섯은 각기 '오가야'의 주인이 되었다"라고 기록되어 있어요. 그래서 후세 사람들이 '가야 하면 육가야'라고 생각하게 되었지요. 그러니까 가야는 여섯 나라뿐이었다는 생각을 이제는 버렸으면 합니다.

오진실 변호사　가야가 있던 시절에 마한, 변한, 진한이라 불리던 '삼한'이라는 나라도 있었다고 하던데요. 그 나라들과 가야, 신라는 어떤 관계였나요?

월광 태자　중국 진나라 때의 역사가인 진수라는 사람이 편찬한 『삼국지』에 따르면 삼한은 한반도 남쪽에 있다고 기록되어 있는데요. 마한은 쉰네 개 나라가 있었고, 진한과 변한은 각각 열두 개씩의 나라가 있었습니다. 마한의 나라들은 나중에 하나로 통합되어 백제로 발전했고, 진한의 나라들은 신라로 통합되었지요. ▶변한의 나라들은 김해의 가락국을 가장 큰 나라로 하여 각각 가야의 여러 나라로 발전했지요. 그러니까 변한은 가야를 일컫는 이름으로 보아도 좋을 것 같습니다.

오진실 변호사　그렇군요. 가야라는 이름과 가야를 이룬 각각의 나라들 이름까지도 잘 알게 되었습니다. 그럼 가야는 언제쯤 세워진 나라인가요?

교과서에는

▶ 변한 지역에서는 2세기 이후 많은 정치 집단들이 나타났습니다. 이들 집단은 철기 문화를 토대로 농업 생산력을 높였고 점진적으로 사회를 통합하기 시작했지요. 3세기경에는 이들 중 김해의 금관가야를 중심으로 연맹 왕국을 발전시켰는데, 이를 전기 가야 연맹이라고 합니다.

월광 태자　정확한 연도는 알 수 없습니다만, 우리 가야를 세운 사람에 대해서는 얘기할 수 있습니다. 『삼국유사』에는 가락국을 건국한 사람은 '수로왕'이며, 그분은 하늘에서 해와 같은 황금색 알의 형태로 내려왔다고 나옵니다.

방청객들 사이에서 "저건 좀 아닌 것 같은데……" 하는 목소리도 들리고, "하늘에서 황금색 알이 내려왔다니, 우리 집에도 황금알이 떨어졌으면 좋겠군" 하며 키득거리는 소리도 들렸다. 다른 한편에서는 "맞아, 수업 시간에 그 탄생 설화를 들은 기억이 나는군" 하며 고개를 끄덕이는 이들도 있었다.

하지만 월광 태자는 담담하게 자신의 말을 이어 나갔다.

월광 태자　물론 이것은 사실이 아닙니다. 이러한 탄생 설화는 정치적 지도자가 백성에게 자신을 신성한 존재로 보이기 위해 만들어지는 것입니다. 백성에게 '우리가 너희를 다스리는 것은 정당한 것이다'라는 생각을 심어 주기 위해서지요. 수로왕 당시 사람들은 해를 숭배하고 새가 하늘의 명령을 땅에 사는 사람들에게 전달하는 역할을 한다고 생각했는데, 해처럼 황금빛이 나는 알에서 태어난 수로왕도 하늘의 명령을 전달하기 위해 이 땅에 내려오신 분으로 믿도록 한 것이지요.

조금 전까지 키득거리던 방청객들은 어느새 월광 태자의 조리 있

김해 구지봉. 가야의 백성이 수로왕을 맞이하기 위해 이곳에서 〈구지가〉를 불렀답니다(왼쪽).
구지봉 지석묘(오른쪽)

는 설명을 숨죽인 채 듣고 있었다. 그리고 '그렇구나. 역시 깊은 뜻이 숨겨져 있었군' 하는 표정으로 서로를 쳐다보았다.

오진실 변호사　　비록 하늘에서 내려온 것은 아니지만, 수로왕도 어딘가 자신의 고향이 있었을 텐데요.

월광 태자　　사실 수로왕은 한반도 북쪽 어느 곳에서 왔는데, 당시 한반도 북쪽에는 고조선이라는 나라가 있었습니다. 고조선은 바로 우리 민족이 세운 최초의 나라이지요. 기원전 3세기 이전부터 고조선은 아주 질 좋은 강철을 만드는 기술을 가지고 있었는데, 이 기술을 가진 사람들이 한반도 남쪽으로 내려왔습니다. ▶수로왕은 바로 이렇게 내려온 고조선의 이주민 가운데 한 사람이었지요. 발달한 철기 문

교과서에는

▶ 가락국의 건국 설화에 의하면, 수로왕은 부족장 아홉 명의 추대를 받아 왕이 되었다고 합니다. 금관가야는 낙동강 유역 일대에 걸쳐 세력을 떨치고 있었습니다.

화를 가지고 북쪽에서 내려온 수로왕은 기존에 있던 김해의 각 부족을 기술로 제압해 통합했습니다.

오진실 변호사　　그러니까 원고의 말을 정리해 보면, 가야가 건국된 정확한 연도는 알 수 없지만 기원전 3세기 무렵 북쪽에 있던 고조선의 이주민들이 한반도 남쪽으로 내려와 정착하면서 가야라는 나라가 세워졌다는 말이군요. 그럼 한 가지 더 묻겠습니다. 처음부터 신라와 가야는 사이가 나빴나요?

월광 태자　　그렇지 않았습니다. 사실 신라나 가야 모두 북쪽에서 내려온 이주민들이 정착하면서 세운 나라이지요. 『삼국지』의 기록대로라면 신라로 발전한 진한과 가야로 발전한 변한은 언어와 풍속도 같았고 옷차림이나 집 구조도 같았기 때문에 같은 계통의 사람들이라고 볼 수 있습니다. 진한 사람들이 약간 더 먼저 남쪽으로 내려와서 터를 잡았고, 변한 사람들은 조금 뒤에 내려왔을 뿐이지요. 같은 계통 사람들이어서인지 진한과 변한은 처음에는 특별한 경계 없이 함께 어울려 살았다고 합니다.

오진실 변호사　　진한과 변한 사람들의 평소 생활은 어땠나요?

월광 태자　　▶진한과 변한 사람들은 땅이 기름져서 오곡과 벼농사를 주로 했고, 양잠을 하여 비단을 만들었으며, 소나 말을 부려서 수레를 사용할 줄 알았습니다. 집은 나무를 가로로 엮은 귀틀집에서 살았고, 일상생활에

양잠
양잠은 비단의 재료가 되는 고치를 생산하기 위해 뽕나무를 길러 누에를 생산하는 일을 말합니다.

귀틀집
큰 통나무를 '정(井)' 자 모양으로 귀를 맞추어 층층이 얹고 그 틈을 흙으로 메워 지은 집을 말하지요.

교과서에는

▶ 진한과 변한, 마한으로 이루어진 삼한 사회는 철기 문화를 바탕으로 한 농경 사회였습니다. 철제 농기구를 사용하여 벼농사를 지었는데, 이러한 철기의 발전은 사회의 변동을 가져왔지요. 낙동강 유역에서는 구야국이, 그 동쪽에서는 사로국이 성장하여 각각 가야 연맹과 신라의 기틀을 다졌습니다.

진한과 변한 사람들이 살던 귀틀집 모형

가야의 집 모양 토기. 고대 집의 모양과 구조를 알려주는 토기입니다.

서는 노래하고 춤추며 술 마시는 것을 좋아했습니다. 또 길에서 사람을 만나면 서로 길을 양보하는 미덕도 있었습니다. 참으로 순박하고 착한 사람들이었지요.

오진실 변호사 원고의 말을 들어 보면 신라와 가야는 나라를 성립할 무렵에는 같은 동족이라는 생각이 있어 서로 사이좋게 잘 지냈던 것 같군요. 그렇다면 진한과 변한은 북쪽에서 내려온 시기가 다르다는 점 말고는 별다른 차이가 없었나요?

복천동 21·22호분에서 발견된 칠두령. 제사를 지낼 때 사용한 도구로 추정됩니다.

월광 태자 물론 차이점은 있었습니다. 『삼국지』 '위서 동이전'에 의하면, 진한과 변한은 비록 언어와 생활 습관 등은 같았지만 제사를 지내는 데에 차이가 있었습니다. 즉, 제사의 대상이 되는 귀신의 종류가 달랐고, 제사 지내는 방법과 같은 의식(儀式)에서도 근본적인 차이가 있었지요. 그런데 이 시대의 제사 의식은 마을이나 나라 사람들의 생

왜 가야는 하나로 통일되지 못했을까?

각을 하나로 뭉치게 하는 역할을 했기 때문에, 제사 의식이 달랐다는 것은 바로 진한과 변한 나라들의 공동체 의식이 달랐다는 것을 의미합니다. 따라서 이 점이 진한과 변한을 나뉘게 한 중요한 이유 중의 하나였다고도 볼 수 있지요.

오진실 변호사   잘 알겠습니다. 그런데 진한과 변한에서 각각 발전한 신라와 가야는 이후 서로 경쟁하는 모습을 보이는데요. 이 경쟁에서 처음에는 가야가 신라보다 훨씬 앞서 나갔지요?

이대로 변호사   이의 있습니다. 판사님, 지금 원고 측은 아무런 근거 없이 가야가 신라보다 우월했다고 주장하고 있습니다.

판사　받아들입니다. 원고 측 변호인은 그렇게 주장할 만한 증거를 제시하여 주시기 바랍니다.

오진실 변호사　그럼 증인을 직접 모셔서 당시의 생생한 경험담을 들려드리도록 하겠습니다. 판사님, 가락국을 세운 수로왕을 증인으로 불러 주십시오.

판사　좋습니다. 증인 수로왕은 나와서 증인 선서를 해 주세요.

　　수로왕이 증인 선서를 한 뒤 자리에 앉았다. 오진실 변호사는 왕에 대한 예의를 표하고 공손한 태도로 질문을 시작했다.

오진실 변호사　증인은 가락국을 세운 수로왕이지요?

수로왕　맞습니다. 후세 사람들은 우리 가락국을 금관가야라고 부르기도 하더군요.

오진실 변호사　어려운 시절에 여러 부족을 통합하고 백성들을 다스리느라 고생이 많으셨습니다. 증인은 생전에 나라를 다스리면서 신라 등 주변 국가들에게 성은을 많이 베풀었다고 들었습니다. 신라 4대 왕 석탈해는 왕이 되기도 전에 증인에게 혼쭐이 난 적이 있다면서요?

　　"아니, 신라 왕이 가야 왕한테 혼이 났다는 게 사실일까?"

　　"반대로 가야 왕이 신라 왕에게 혼이 난 게 아니고? 뭔가 잘못 들은 거 같은데……."

　　방청객들은 오진실 변호사의 말을 믿지 못하겠다는 듯 웅성거렸다.

수로왕　　예. 그런 적이 있습니다. 이 탈해라는 친구는 원래 동해안의 **완하국** 출신인데, 하루는 내게 와서 왕 자리를 빼앗으러 왔노라고 당당하게 말하더군요. 그래서 나는 "왕은 하늘이 정해 준 자리이므로 나라를 안정시키고 백성들을 편안하게 해야 할 의무가 있다. 그런데 하늘의 명령을 어기고 왕위를 남에게 줄 수는 없다"고 차분하게 설명해 주었습니다. 하지만 혈기가 왕성한 젊은이여서인지 굳이 힘을 겨루어 보자고 하더군요. 나는 어쩔 수 없이 응했습니다.

오진실 변호사　　무엇으로 대결하셨나요?

수로왕　　그게, 변신술이라고 해야 하나……. 하여튼 이 친구가 갑자기 매로 변하지 뭡니까? 이에 질세라 나는 독수리로 변했지요. 다시 탈해가 참새로 변하는 것을 보고 나는 왕새매로 변해 탈해를 위협했습니다. 사실 참새 정도는 한 입에 꿀꺽할 수도 있었지만 마음 좋은 내가 탈해를 봐준 것이지요. ▶그러자 탈해는 목숨을 살려 줘서 고맙다고 말하며 **계림**으로 달아나 버렸습니다. 그 후에 신라에서 왕이 되었다는 연락을 받았죠. 일연 스님이 쓴 『삼국유사』를 보면 이와 같은 내용이 잘 나와 있습니다.

완하국
완하국은 『삼국유사』에 기록되어 있는 나라로 용성국이라고도 합니다. 왜국으로부터 동북쪽으로 1000리(약 393km) 떨어진 곳에 있었다고 합니다. 『삼국사기』에는 다파나국이라고 기록되어 있답니다.

계림
신라의 다른 이름입니다. 숲 속에서 닭 울음소리가 들려서 가 보니, 나무에 흰 닭과 금색 궤가 있고, 그 속에 신라의 시조 김알지가 있었다는 설화에서 유래한 이름이지요.

▶ 신라는 진한 소국의 하나인 사로국에서 출발했습니다. 경주 지역에 원래 살고 있던 토착민 집단과 유이민 집단의 결합으로 건국되었지요. 이후 석탈해 집단이 등장하면서 박·석·김의 3성이 번갈아 가며 신라의 왕위를 차지했습니다.

오진실 변호사　　증인이 신라의 석탈해왕을 실력으로 쫓아내 버린 것이군요. 이것으로 가락국이 신라보다 힘이 더 강했다고 보아도 되겠네요.

이대로 변호사　　판사님, 이의 있습니다. 석탈해왕이 젊은 시절 가락국을 공격했다가 물러난 것은 사실입니다만 그건 힘이 약해서가 아니라 왕의 능력을 점쳐 보기 위한 일종의 시험이었습니다. 그래서 조용히 돌아온 것이지요. 이것만으로 가야가 신라보다 우월했다고

　　왜 가야는 하나로 통일되지 못했을까?

보는 것은 억지입니다.

판사 이대로 변호사의 말에도 일리가 있군요. 원고 측에서는 다른 증거를 제시할 수 있습니까?

오진실 변호사 물론이지요. 증인, 신라 5대 왕인 파사왕이 신라가 주변 나라의 분쟁 때문에 골치가 아파지자 이를 해결해 주십사 하고 증인을 초청한 적이 있지요?

수로왕 맞습니다. 아마 그때가 파사왕이 왕이 된 지 23년쯤 되었을 때였지요. 신라 북쪽에 있던 음즙벌국(지금의 경주 안강)과 실직곡

6부

6부는 삼한의 하나인 진한에서 신라의 기반이 된 여섯 부락으로 원래는 6촌(村)이었습니다. 『삼국사기』 '신라본기'에 따르면 고조선의 유민들이 나뉘어 살며 생겨났다고 합니다. 대체로 부족 사회의 6촌이 점차 행정 구역의 이름으로 변화한 것으로 보입니다.

국(지금의 강원도 삼척)이 영토를 두고 서로 다투었는데, 이들의 싸움이 끝날 기미가 보이지 않았습니다. 그러자 파사왕은 나에게 와서 판결을 요청했지요. 나는 분쟁이 되던 땅을 음즙벌국에 주면 된다고 명쾌하게 해결해 주었습니다.

판사 증인이 신라의 고민을 해결해 주었군요.

수로왕 그런 셈이지요. 그래서 이에 만족한 신라의 파사왕이 **6부**에 명하여 나를 극진히 대접하도록 했습니다. 그런데 다른 부는 모두 높은 관리들이 와서 접대했는데, 유독 한기부만은 낮은 신분의 관리를 보내 접대를 하더군요. 이것들이 나를 어떻게 보고……. 괘씸한 생각에 나는 종인 탐하리를 시켜 한기부 우두머리 보제를 죽이고, 한기부를 쑥밭으로 만들어 버렸습니다. 자기네들이 잘못했으니 파사왕은 이에 대해서 한마디 항의도 못했지요.

이대로 변호사 이의 있습니다. 증인의 증언은 자신만의 주장일 뿐 객관적인 증거가 없습니다.

오진실 변호사 객관적 증거가 없다니요? 『삼국사기』는 신라 사람인 김부식이 신라를 중심으로 역사를 기록하는 바람에 보통 신라는 강한 나라로, 가야는 약한 나라로 서술했지요. 그러나 유독 파사왕 때 기록만은 대부분 가야가 신라를 공격했고, 신라는 가야의 공격을 막기 위해 성도 쌓고 성주도 전사했다고 나와 있습니다. 자나 깨나 신라가 돋보이게 역사책을 썼던 김부식조차도 이때만큼은 가야가 신라보다 우세했다는 사실을 무시할 수 없었던 것이지요.

2

가야가 발전할 수 있었던 힘은
어디에서 나왔을까?

이대로 변호사　　판사님, 이의 있습니다. 원고 측 변호인은 역사책에 기록된 일부 내용을 가지고 가야의 국력을 과대평가하고 있습니다. 그 기록은 가야가 신라보다 우세했다는 결정적인 증거가 될 수 없습니다.

판사　　『삼국사기』는 한국의 역사책 가운데 가장 오래된 역사책으로 그 권위를 인정받고 있습니다. 그리고 편찬자 김부식이 신라 중심의 역사의식을 가진 사람이라는 점은 누구나 아는 사실이고요. 그러므로 피고 측 변호인의 이의는 받아들이지 않겠습니다.

오진실 변호사　　감사합니다, 판사님. 증인에게 다시 묻겠습니다. 그러니까 적어도 증인이 가락국을 다스리던 당시에는 가야가 신라보다 국력이 더 강했다고 자신 있게 말할 수 있는 거죠?

갑우내

갑우내는 원래 낙동강의 우리말로, 가운데로 흐르는 강이라는 의미예요.

봉황대

경상남도 김해시 봉황대 유적은 가락국 최대의 생활 유적지입니다. 이곳에서는 가야 사람들의 주거지를 비롯하여 생활 모습을 짐작할 수 있는 패총 유적, 그리고 가야 사람들의 해상 포구가 발견되었습니다.

수로왕　　그렇습니다. 무기로 보나 군사의 힘으로 보나 신라는 우리와 비교가 될 수 없었어요. 특히 군대를 양성할 수 있는 경제력은 우리가 월등히 우세했다고 말할 수 있습니다.

오진실 변호사　　증언해 주셔서 감사합니다. 이상으로 수로왕에 대한 증인 신문은 마치고, 당시 가락국에 살던 또 다른 증인인 **갑우내** 씨의 증인 신문을 허락해 주시기 바랍니다.

판사　　허락합니다. 수로왕은 이제 자리로 돌아가도 좋습니다. 그리고 다음 증인 갑우내는 나와서 증인 선서를 해 주세요.

갑우내　　선서. 나 갑우내는 오직 진실만을 말할 것을 맹세합니다.

　　오진실 변호사는 증인 갑우내에게 다가갔다. 그리고 고고 유적 발굴 보고서를 요약한 자료집을 들고 증인 신문을 시작했다.

오진실 변호사　　증인, 잘 모르는 분들을 위해 간단히 자기소개를 해 주시기 바랍니다.

갑우내　　나는 가락국 2대 임금인 거등왕의 신하입니다. 비록 보잘것없는 하급 관리였지만 국제 무역과 관련된 일들을 했으므로 가락국에서는 매우 중요한 임무를 맡았다고 자부합니다. 우리 집은 궁성이 있던 **봉황대**에서 멀지 않은 곳에 있었고요.

오진실 변호사　　국제 무역이라고요? 그 옛날에도 나라를 오가며 수

입과 수출을 했단 말인가요?

갑우내 그렇습니다. 우리 가락국은 항구 도시였습니다. 지금도 항구 도시는 상품을 운송하는 기능 때문에 다른 도시들에 비해 번성하지만 그때는 지금과 비교할 수 없을 정도로 더 대단했습니다. 당시는 지상 세계에서 요즘 볼 수 있는 기차나 컨테이너, 트럭이 없었기 때문에 육지로는 많은 물건을 운반할 수 없어서 도로가 발달하지 못했으니까요. 따라서 다른 나라와 무역을 할 때는 주로 바다와 강으로 상품을 운반했고, 중국과 한국, 일본을 잇는 교통의 요지는 모두 바닷가 항구였어요. ▶뭐, 자랑 같지만 우리 가락국은 그 당시 동아시아 최대의 국제 무역 도시라고 할 수 있습니다.

오진실 변호사 그렇다면 가락국은 그런 조건이 충족되었나요? 제가 볼 때는 옛날 가락국이 있었던 김해 지역은 큰 규모의 선박이 들어올 수 있는 항구로 적합하지 않은 것 같은데…….

갑우내 지금은 낙동강 가에 넓은 김해평야가 있어 항구로 쓸 만한 해안가가 없지만 제가 살던 시대에는 지금의 김해평야가 있는 곳이 모두 바다였습니다. 갯벌이 넓고 밀물과 썰물의 차이가 뚜렷한 곳이었죠. 고대의 선박은 밀물 때 내륙 깊숙이 들어와 바닷물이 빠지면 짐을 내리고 물과 식량을 실은 후, 다음 밀물 때를 기다려 다시 바다로 나가는 방법으로 항해했습니다. 김해 지역은 그러한 조건을 잘 갖추고 있었던 곳이었어요.

오진실 변호사 판사님, 이러한 사실을 증명해 줄 수 있는

교과서에는

▶ 당시 금관가야는 풍부한 철을 중국의 군현과 왜에 수출하는 교역의 중심지였습니다. 해상 무역 덕분에 금관가야는 낙동강 하류의 여러 가야를 대표하게 되었지요. 봉황대 유적이나 관동리 유적에서 나온 유물들은 당시 가야의 국력과 왕권이 강했다는 사실을 보여 줍니다.

봉황대 포구와 가야의 배를 복원해 놓은 모습

호안 시설
바다와 강의 기슭이 무너지지 않
도록 보호하는 시설입니다.

유적이 최근 밝혀졌습니다. 김해 시내에 있는 봉황대 유적과 관동리 유적에 남아 있는 가야 항구의 흔적이 바로 그것입니다. 특히 관동리 유적에서는 항구의 **호안 시설**과 배후 도로, 창고, 선착장 등이 발견되었다고 합니다. 이에 따른 보도 자료와 유적지 사진을 증거 자료로 제출합니다.

판사　증거 자료로 인정합니다. 신문을 계속하세요.

오진실 변호사　예. 그럼 이어서 증인에게 묻겠습니다. 무역을 하려면 상품이 있어야 할 텐데요. 단순히 교역의 교통로 제공만 하지는 않았을 것 같은데요.

갑우내　그렇지요. 아무리 가야가 교통의 중심지에 자리 잡고 있다 하더라도 다른 나라들끼리의 교역에 교통로만 제공했다면 우리

　왜 가야는 하나로 통일되지 못했을까?

에게 남는 이익이 그다지 많지 않았겠지요.

오진실 변호사   그렇다면 주로 어떤 상품으로 무역을 했나요?

갑우내   우리 가락국은 당시 다른 나라들이 갖지 못한, 어마어마한 상품을 생산할 수 있었습니다. 바로 철이지요. 고대 사회에서 철을 소유하고 있다는 것은 매우 중요한 의미가 있습니다. 철기 문화가 발전하고 널리 보급되면서 철제 농기구를 활용하여 생산 활동이 왕성해졌고, 철제 무기를 갖춘 군대를 동원하여 인근 지역을 정복하면서 각 지역에 국가가 생겨나게 되었으니까요. 하지만 철을 만들기 위해서는 철광산이 있어야 했고, 철을 제련하는 기술이 있어야 했습니다.

오진실 변호사   그럼 철을 만드는 주요한 기술과 원료가 가야에는 풍부했다는 말인가요?

갑우내   그렇습니다. 가락국 지배자들은 북방에서 내려와 철기 문화를 이곳에 전파한 사람들이었습니다. ▶마침 김해 지역에서는 철광석을 쉽게 얻을 수 있었고, 발달한 철기 제작 기술을 이용하여 다양한 철제품들을 만들 수 있었지요.

오진실 변호사   이제 이해가 되네요. 가락국은 비록 신라에 비해서는 늦게 남쪽으로 내려왔지만, 우수한 철기 제작 기술과 대외 교역에 편리한 조건을 바탕으로 신라보다는 훨씬 빨리 발전을 이룩할 수 있었군요.

이대로 변호사   이의 있습니다. 판사님, 철 생산은 가락국만 한 것이 아닙니다. 신라가 단지 교통의 요지에 있지 않

교과서에는

▶ 김해 지방에는 질 좋은 철이 많이 생산되었습니다. 가야 사람들은 이 철을 이용해 각종 철제 무기를 만들었지요. 그뿐만 아니라 철을 화폐와 같은 교환 수단으로 이용하기도 했습니다.

재판 첫째 날 | 가야와 신라 중 어느 나라가 더 강한 나라였을까?

재판 첫째 날 | 가야와 신라 중 어느 나라가 더 강한 나라였을까?

● 49

앞을 뿐, 신라도 철을 생산하고 있었습니다.

판사　　증거를 제시할 수 있습니까?

이대로 변호사　　물론입니다. 피고 측 증인으로 신라 4대 왕인 석탈

해왕을 불러 주십시오.

판사　　그럼 이제 증인 갑우내 씨는 들어가도 좋습니다. 그리고 피

고 측 증인 석탈해왕은 나와서 선서를 해 주세요.

석탈해왕　　선서. 나 석탈해는 진실만을 말할 것을 맹세합니다.

이대로 변호사　증인, 어려운 걸음 해 주셔서 고맙습니다. 거두절미하고 묻겠습니다. 증인은 원래 대장장이 출신이지요?

　이대로 변호사의 질문에 방청객이 또다시 술렁거렸다.
"왕이 대장장이 출신이라고?"
"대장장이는 천민 아니야? 천민도 왕이 될 수 있나?"
　방청석이 조금 소란스러워지자 판사는 법봉을 두드리며 조용히 해 줄 것을 요구했다.

판사　조용히 해 주세요. 그리고 증인은 변호인의 질문에 답변해 주시기 바랍니다.

석탈해왕　뭐, 그렇다고 할 수 있지요. 내가 대장장이였단 말을 듣고 몇몇 분은 실망하는 것 같군요. 섭섭하지만, 뭐 역사를 잘 모르고 하는 말이니 내가 이해하지요. 조선 시대에는 대장장이가 천민 취급을 받았지만 고대 사회에는 철을 다루는 사람이 곧 권력자였습니다.

이대로 변호사　증인, 당시 신라도 이미 철을 다루는 기술을 가지고 있었나요?

석탈해왕　물론입니다. 철기를 다룰 줄 알았던 우리가 경주에 진출하면서 철을 녹이는 용광로 시설을 만들었습니다. 그리고 대장간에서 제련된 철을 수없이 두드려서 단단한 철제 무기나 농기구를 생산했지요. 또 거푸집이라고 알지요? 만들려고 하는 도구의 모양대로 속이 비어 있어 거기에 쇳물을 붓게 되어 있는 틀 말이에요. 그것으로 쇠도끼 같은 농기구들을 만들었지요.

이대로 변호사　그런데 김해와는 달리 경주에는 철광석 산지가 없었던 것 같은데요.

석탈해왕　경주는 아니지만 경주 아래에 울산 북구 달천이라는 곳이 있습니다. 경주에서 그다지 멀지 않지요. 이곳 영혼 세계에 와서 들어 보니 최근까지도 그곳에 철광산이 있었다고 하더군요. 내가 살던 당시에도 그곳에서 철광석을 옮겨 와 철을 제련했습니다.

이대로 변호사　판사님, 이것으로 신라의 철 생산은 충분히 설명되었다고 봅니다. 이상입니다.

판사　원고 측 변호인, 반대 신문 있습니까?

오진실 변호사　네. 피고 측 증인께 묻겠습니다. 제가 조사한 자료 가운데 4세기경 철제 유물을 살펴보면, 가야 지역에서는 섭씨 1200도 이상에서 탄소 함량이 거의 없는 순도 높은 덩이쇠를 생산했습니다. 이에 비해 신라의 황성동 유적에서 주조된 쇠도끼는 탄소 함량이 많아서 탄소 성분을 빼내어야 겨우 제대로 된 철제품을 만들 수 있었다고 합니다. 신라가 가야보다 철을 다루는 기술이 낮았다는 것을 보여 주는 증거라고 여겨지는데, 여기에 대해서는 어떻게 생각하십니까?

석탈해왕　음…… 우리 신라의 철제품이 가야의 철제품보다는 한 군현(한사군)이나 왜와 같은 다른 나라에 인기가 없었던 것은 사실입니다.

오진실 변호사　이상입니다.

이대로 변호사 이의 있습니다. 원고 측 변호인은 자꾸 일부의 사실을 들어 그것이 마치 가야가 신라보다 우월했다는 것을 증명이라도 하는 듯 배심원들에게 혼란을 주고 있습니다. 존경하는 판사님, 제 의뢰인 진흥왕께 발언 기회를 주셨으면 합니다.

판사 자자, 오늘은 시간이 다 되었습니다. 오늘 재판에서는 가야가 어떤 나라였으며 가락국이 발전할 수 있었던 요인이 무엇인지 살펴보았습니다. 오늘 다 나누지 못한 내용은 다음 재판에서 또 이야기를 나누도록 하겠습니다. 이상으로 마치겠습니다.

땅, 땅, 땅!

무역의 중심지, 늑도

　북방에서 이주민들이 대거 내려와 지역마다 작은 국가를 세울 때 한반도 남부 지역의 국제 무역 중심지는 지금의 삼천포인 늑도였습니다. 기원전 2세기 무렵의 늑도는 정말 대단한 곳이었지요. 늑도 사람들은 한반도 남부에서는 제일 처음으로 온돌 시설을 갖춘 집에서 살았고, 반량전이나 오수전 같은 중국 화폐도 사용했습니다. 당시에는 무덤에나 겨우 넣을 수 있을 만큼 귀했던 쇠로 만든 작은 손칼을 일상생활에서 사용하기도 했고요. 또 지금의 금덩어리나 마찬가지인 덩이쇠(鐵鋌)도 많이 가지고 있었습니다. 그러나 사회가 점점 발달하고 국제 교역의 규모가 커지면서 늑도보다 더 큰 항구가 필요해졌습니다. 그 결과 가락국이 국제 교역의 중심지로 번성하게 된 것이지요.

반량전과 오수전
늑도에서 사용한 화폐인 반량전과 오수전. 반량전은 고대 중국에서 만든 화폐입니다. 화폐 표면에 '반량(半兩)'이라는 두 글자가 쓰여 있기 때문에 반량전이라 불립니다. 오수전은 중국 전한 무제 때 사용하던 동전으로 표면에 무게를 나타내는 '오수(五銖)'라는 문자가 새겨져 있습니다.

옥전고분군과 다라국

합천군 쌍책면 성산리 옥전(玉田)이라고 불리는 언덕에 거대한 고분이 열지어 서 있습니다. 약 1,000여 기의 고분이 밀집되어 있는 이 고분군은 사적 제326호로 지정된 옥전고분군으로 가야 연맹의 한 나라였던 다라국의 지배자 무덤입니다.

다라국이라는 나라는 가라국과 함께 후기 가야 연맹을 이끌어 나갔던 가야의 한 나라였습니다. 서기 400년 광개토 대왕이 남쪽 지역 정벌을 위해 쳐들어왔을 때 멸망에 가까운 타격을 받은 가락국의 지배자 집단 일부가 낙동강 물길을 따라 서부 경남 지역으로 이주했습니다. 이때 그들 중 합천 지역에 정착한 세력에 의해서 다라국의 역사가 시작되었습니다. 옥전고분군은 지금까지 발굴 조사된 가야의 어느 고분군보다도 화려하고 다양한 유물이 출토되었는데 이 유물들을 살펴보면 다라국의 문화가 얼마나 화려했는지 짐작해 볼 수 있습니다.

옥전 고분군 전경

지배자의 권위를 과시하는 물건 가운데 특히 용봉문양고리자루큰칼은 옥전고분군을 대표하는 유물입니다. 이곳에서는 용, 봉황 등으로 장식한 큰 칼이 모두 8점 출토되었는데 학술 발굴 조사에서 이처럼 많이 발견된 경우는 우리나라 발굴 역사상 처음 있는 사례이며, 가라국의 대표적인 고분군인 고령 지산동 고분군에서 나온 3점보다 훨씬 많은 양입니다. 또한 M3호분에서는 우리나라 고분에서는 유일하게 4자루의 용과 봉황으로 장식한 큰 칼이 출토되었습니다.

40쌍의 귀걸이는 지금까지 조사된 어느 가야 고분보다도 많은 수량일 뿐만 아니라 정교한 세공 기술은 당대의 백제나 신라의 귀걸이와 비교해도 손색이 없습니다. 그 외에도 목걸이, 팔찌, 가락지 등 화려한 장신구들이 다라국 지배층의 호화로운 생활을 짐작하게 합니다. 철로 만든 제품도 무수히 발견되어 '철의 왕국, 가야'의 본모습을 잘 보여주고 있습니다. 칼, 창, 낫 등 공격용 도구들과 철갑옷 11벌, 투구 13점, 말갑옷 3벌, 말머리가리개 6점 등 방어용 도구들이 출토되었습니다. 이 가운데 말머리가리개의 경우 지금까지 한국과 일본 통틀어 15점밖에 발견되지 않은 희귀한 유물인데 이곳에서만 6점이 발견되었습니다. 또 하나 주목할 것은 지금까지 경주의 고분에서만 발견된 유리잔이 가야 지역 고분에서는 유일하게 옥전에서 1점 출토되었다는 점입니다. 이처럼 옥전고분군은 지금까지 우리가 제대로 알지 못했던 가야 문화의 실물 자료들이 쏟아져 나와 뛰어난 가야 문화의 진면목을 보여 주고 있습니다.

옥전 M3호분에서 출토된 말 투구

왜 가야는 하나로 통일되지 못했을까?

다알지 기자

　시청자 여러분, 안녕하십니까. 역사공화국
법정 뉴스의 다알지 기자입니다. 이번 재판은 가
야의 마지막 태자인 월광 태자가 역사의 현장에서 소
리 없이 무너진 가야의 명예를 회복하고자 가야를 멸망시킨 신라 진흥
왕을 상대로 고소장을 제출한 것입니다. 지금 막 그 첫 번째 공판이 끝
났는데요. 오늘은 가야와 신라 두 나라 중 어느 나라가 더 강한 나라였
는지에 대해 양측의 입장이 팽팽하게 대립했습니다. 그러면 그 생생했
던 현장 분위기를 오늘 재판에서 양측 증인으로 나온 두 분을 모시고
이야기를 들어 보겠습니다. 제가 보기에 오늘 공판은 원고인 가야에
조금 유리했던 것 같은데요. 이에 대해 원고 측 증인인 갑우내 씨와 피
고 측 증인인 신라 4대 석탈해왕은 어떻게 생각하시는지 말씀해 주시
기 바랍니다.

갑우내

　어젯밤에 잠을 한숨도 못 잤습니다. 우리 가야를
세운 수로왕을 만나 뵐 수 있다는 생각에 떨려서요. 증
인으로 나오신다는 말을 들었거든요.

　뭐 어쨌든 오늘 공판에서 우리 가야의 힘이 신라보다 강했다는 사
실이 밝혀져서 만족스럽습니다. 우리 가락국은 철을 만드는 기술이 워
낙 뛰어났어요. 그리고 그 철제품들을 외국에 수출하면서 나라의 힘을
키웠지요. 봉황대 포구에 철제품을 가득 실은 배들이 일렬로 정박해
있던 모습이 지금도 눈에 선합니다.

석탈해왕

오늘 나온 얘기지만, 내가 수로왕과 경합을 벌이다가 패한 것은 사실이네. 그러나 그 일은 내가 신라의 왕이 되기 전에 일어난 일이에요. 그 사실 하나만으로 가야가 신라보다 강한 나라였다고 주장하는 것은 억지라고 할 수 있지요.

그리고 내 오늘 공판을 지켜보니 자꾸 가야가 철을 수출했다는 사실을 자랑스럽게 말하던데 우리 신라도 어엿한 철 생산국이었다오. 그러니 기자 양반도 오늘 재판이 가야에게 유리했다느니, 가야가 신라보다 강한 나라였다느니 하는 말은 당장 그만두시오.

광개토 대왕은 왜 신라를 도와 가야를 공격했을까?

1. 광개토 대왕 당시 한반도의 상황은 어땠을까?
2. 광개토 대왕이 가야를 공격한 이유는 무엇일까?
3. 광개토 대왕이 가야를 공격한 후 한반도 남부는 어떻게 바뀌었을까?

교과 연계

한국사
I. 우리 역사의 형성과 고대 국가
  3. 삼국, 교류와 경쟁 속에서 발전하다
    1) 삼국, 중앙 집권적 고대 국가로 성장하다

광개토 대왕 당시
한반도의 상황은 어땠을까?

판사   오늘 재판에서는 고구려 광개토 대왕이 신라의 요청으로 가야를 공격한 이야기를 해 봅시다. 이 전쟁으로 가야는 큰 피해를 입었다고요?

오진실 변호사   판사님, 원고가 가장 안타까워하는 것이 바로 그 전쟁입니다. 결론부터 말하면, 이 전쟁에서 패배했기 때문에 가야는 신라보다 국가 발전이 뒤처지게 되었습니다.

판사   그렇다면 당시 고구려에게는 가야를 정벌해야 할 중요한 목적이 있었습니까? 단순히 신라가 부탁했다고 고구려가 가야를 공격했다는 것이 잘 이해가 되지 않는데요.

오진실 변호사   그것을 알기 위해서는 당시의 국제 정세를 먼저 살펴보아야 할 것 같습니다. 제가 조사한 자료를 토대로 당시 국제 관

계를 정리해 보도록 하겠습니다. 400년대 이전, 한반도에서 가장
강한 나라는 백제였습니다. 그런데 400년대를 전후해 한반도 북쪽
에 자리 잡고 있던 고구려가 정치적·군사적으로 강력해지기 시작
했지요.

판사　삼국의 관계를 알 수 있는 중요한 발언이 될 듯합니다. 좀
더 자세히 설명해 주세요.

오진실 변호사　▶4세기 중반, 근초고왕이 즉위하면서 백제는 마한

지역 대부분을 차지한 것도 모자라 북쪽으로까지 진출해서 고구려와 대립하게 되었지요. 광개토 대왕의 할아버지인 고국원왕은 바로 이 근초고왕에게 패해 전사했고요. 이제 백제는 한반도의 패권을 장악하게 됩니다. 그리고 백제는 이 과정에서 주위 국가들과 우호 관계를 맺어서 고구려와 맞서고자 했지요. 근초고왕은 우선 가까운 신라와 우호 관계를 맺고, 중국세력이었던 동진과도 외교 관계를 맺었습니다. 그런데 391년 광개토대왕이 즉위하면서 고구려가 점차 세력을 넓혀 나가기 시작했지요.

판사   고구려가 세력을 넓히다 보면 백제와 맞붙을 수밖에 없었겠군요.

오진실 변호사   그렇습니다. 광개토 대왕은 그의 할아버지인 고국원왕의 원수를 갚기 위해 즉위한 직후부터 백제를 공격했지요. 그 결과 백제의 많은 성과 촌락을 정복했고, 백제 아신왕의 항복도 받아 냈습니다.

판사   지금까지의 설명대로라면 4세기 중반 무렵부터 고구려와 백제는 전면전을 벌인 셈이군요. 그럼 당시 가야의 상황은 어땠나요?

오진실 변호사   가야는 당시 좀 답답한 상황이었는데요. ▶▶가야는 일찍부터 낙랑, 대방을 통하여 중국의 앞선 문물을 받아들이고 있었습니다. 그런데 이들이 313년 고구려의 미천왕에 의해 멸망하면서 선진 문물을 받아들일 수 있는 통로가 막힌 것입니다. 이제 가야는 새로운 길을 개척

교과서에는

▶ 백제 근초고왕은 대표적인 정복 군주입니다. 그는 마한 세력을 통합한 후 가야를 백제의 세력권으로 끌어들였지요. 또한 황해도 지역으로 진출하여 고구려를 크게 물리쳤으며, 평양성 전투에서는 고국원왕을 전사시켰습니다.

▶▶ 고구려는 미천왕 때에 한 군현인 낙랑군을 완전히 몰아냈습니다. 이로써 고구려는 압록강 중류 지역을 벗어나 남쪽으로 진출할 수 있는 발판을 마련했어요.

해야 했지요.

판사   그래서 가야의 새로운 활로는 어디가 되었나요?

오진실 변호사   결국 국제 교역으로 번성했던 가야는 백제를 선택했습니다. 중국과 교류가 활발했던 백제와 외교 관계를 유지함으로써 선진 문물을 얻는 기회를 얻고자 한 것이지요.

판사   그럼 백제가 가야에게 새로운 활로를 터 주었으니 가야도 백제에게 무슨 보답을 해야 했겠군요?

오진실 변호사   그래서 가야는 그에 대한 보답으로 왜와 외교 관계를 맺으려던 백제를 도와주게 됩니다. 광개토 대왕 즉위 무렵, 가야와 왜는 이미 오래전부터 서로 활발하게 교류하며 우호적인 관계를 유지하고 있었거든요.

판사   백제와 왜, 두 나라의 사정에 밝았던 가야가 왜와 교류하고 싶어 하는 백제를 위해 중간 역할을 해 주었던 것이군요.

오진실 변호사   그렇습니다. 가야의 노력으로 백제와 가야, 왜가 상호 협력적인 관계를 형성할 수 있었습니다.

판사   그런데 왜는 무엇 때문에 이러한 외교 관계를 맺었을까요?

오진실 변호사   왜는 먼 바다로 나갈 수 있는 능력이 없었기 때문에 중국과 직접적인 교역을 할 수 없었습니다. 따라서 선진 문물을 얻기 위해서는 중국과 직접 관계를 맺고 있었던 한반도의 나라들과 교류할 수밖에 없었지요.

판사   백제가 고구려에 대항하기 위해 주위 나라들과 우호적인 관계를 형성하려고 했던 것이 왜에게는 더없는 행운이었겠군요.

오진실 변호사   그래서 왜는 가야의 협조를 얻어 백제와 외교 관계를 맺게 되었던 것입니다. 그 결과 백제는 고구려와의 전쟁에 가야, 왜의 물자 및 군대를 동원할 수 있게 되었어요. 가야는 백제의 해상 교역 능력을 이용하여 획득한 선진 문물과 함께 풍부한 철제품을 왜에 판매함으로써 중계 무역의 이익을 얻을 수 있었지요. 왜는 백제 및 가야로부터 안정적인 선진 문물을 공급받을 수 있게 되었던 한편, 그에 대한 보답으로 물자나 군대의 요청이 있을 때는 지원을 해야 했고요.

판사   북쪽의 고구려에 대항하여 남쪽의 백제와 가야, 왜가 연맹을 만든 거나 마찬가지군요. 그런데 앞서 백제 근초고왕은 신라와도 우호적인 관계를 맺었다고 했는데, 그럼 신라도 이 연맹에 동참했습니까?

오진실 변호사   신라도 연맹에 동참했다면 당시 한반도에는 고구려 대 전체 남부 세력의 대립이라는 국제 관계가 이루어졌겠지요. 하지만 현실은 그렇지 않았습니다. 신라가 그 연맹에서 이탈한 것입니다.

판사   신라가 연맹에서 나간 이유는 무엇인가요?

오진실 변호사   당시 신라는 경주 주변의 소국들을 정복하면서 남쪽으로 울산, 양산 지역까지 영토를 넓히고는 가야와 백제, 왜국 사이의 무역에 동참하여 이익을 얻고자 했습니다. 하지만 왜의 입장에서는 가야와 백제를 통하여 선진 문물을 얻는 것이 편했습니다. 신라는 한반도 동남쪽에 치우쳐 있어서 중국과의 교류에 어려움이 많

왜 가야는 하나로 통일되지 못했을까?

왔거든요. 남해안에서 펼쳐진 교역 활동에 참여할 수 없게 되자 신라는 백제와의 외교 관계를 끊고, 고구려와 손을 잡았지요. 그리고 고구려의 도움을 얻어 선진 문물을 받아들일 수 있었습니다.

판사 신라가 연맹을 이탈한 이유가 있었군요.

오진실 변호사 그런데 신라는 먼저 연맹에서 이탈하여 배신한 것도 모자라 남해안의 교역 활동에 참여하지 못한 분풀이로 백제나 가야에서 왜로 가는 교역품을 뺏으며 국가 간의 무역을 방해하여 백제, 가야, 왜의 원성을 샀습니다.

2 광개토 대왕이 가야를 공격한 이유는 무엇일까?

이대로 변호사 이의 있습니다, 판사님. 원고 측 변호인은 신라가 백제와의 우호 관계를 깨고 고구려와 손을 잡았다고 하지만, 정작 한반도 남부에서 여러 나라에게 따돌림을 받은 것은 바로 신라였습니다.

판사 피고 측 변호인의 이의가 인정되므로 원고 측 변호인은 증거를 제시하며 변론해 주시기 바랍니다.

오진실 변호사 알겠습니다. 그럼 광개토 대왕을 증인으로 모셔 남쪽으로 정벌군을 보내던 당시의 상황에 대해서 들어 보도록 하겠습니다. 증인 광개토 대왕을 불러 주십시오.

판사 좋습니다. 증인 광개토 대왕은 나와서 선서를 해 주세요.

판사의 주의로 한동안 잠잠했던 방청석이 다시 시끄러워졌다.

"와~ 정말 광개토 대왕님이 나오신다고? 꿈에서라도 광개토 대왕님을 한 번 보는 것이 소원이었는데……. 떨린다. 떨려."

"가만있어 보자. 이따가 사진 한 장 같이 찍자고 해 봐야겠다."

"그런데 가야를 멸망시킨 원인 제공자가 원고 측 증인으로 나오다니……?"

광개토 대왕이 증인석으로 걸음을 옮기자 소란스럽던 방청석이 순간 물을 끼얹은 것처럼 조용해졌다. 법정 안의 모든 시선이 위엄 있는 광개토 대왕을 따라 옮겨졌다. 광개토 대왕은 증인석에 서서 우렁찬 목소리로 선서를 한 뒤 자리에 앉았다.

오진실 변호사　　원고 측 증인으로 나오시는 게 어쩌면 심기가 불편할 수도 있었을 텐데 기꺼이 응해 주셔서 감사합니다.

광개토 대왕　　그 당시의 진실을 알리는 것이고, 이 자리가 누구의 편을 드는 자리는 아니라고 생각합니다.

오진실 변호사　　그럼, 신문을 시작하겠습니다. 법정인 관계로 존칭은 생략하겠습니다. 증인은 중국과 북방의 여러 민족들까지 잘 알고 있을 정도로 그 명성이 대단하기 때문에 새삼 그 업적을 다시 말씀드릴 필요는 없을 것입니다. ▶오늘은 남쪽으로 군대를 파병했던 사실에 대해 여쭈어 볼까 하는데요. 증인은 즉위한 직후부터 백제를 몇 차례나 공격했다고 들었습니다. 사실입니까?

광개토 대왕　　네, 사실입니다.

교과서에는

▶ 광개토 대왕은 4만의 군사를 남쪽으로 보내 백제를 공격했습니다. 임진강 일대를 차지한 고구려는 다시 백제를 공격하여 여러 성을 함락한 후, 백제의 수도까지 들어왔지요. 그러자 백제는 고구려에 굴복했고, 고구려는 일시적이지만 한강 이북의 땅을 점령하게 되었습니다.

노객

노객은 고구려 때 신하가 임금에게 자기를 낮추어 이르던 말입니다. 광개토 대왕 때는 백제나 신라 왕이 고구려에 복종한다는 뜻으로 사용했지요.

오진실 변호사　　백제를 공격한 이유가 무엇입니까?

광개토 대왕　　그 일을 떠올리려니 다시 마음이 아파지려고 하는군요. 나의 할아버지께서 백제군과의 전투에서 전사하셨기 때문입니다. 나는 태자 시절부터 할아버지의 원수를 반드시 내 손으로 갚겠다고 몇 번이고 다짐했습니다. 결국 396년에 백제를 공격해서 백제 왕 아신의 항복을 받았는데, 이때 아신은 영구히 고구려 왕의 **노객**(奴客)이 되겠다고 맹세했습니다.

오진실 변호사　　그 정도면 백제에 충분히 보복한 것 아닌가요? 그 뒤에 다시 백제를 공격했는데, 그렇게까지 응징할 필요가 있었을까요?

광개토 대왕　　나도 웬만하면 그것으로 끝내려고 했습니다. 하지만 나와 약속한 지 3년 만에 백제 왕 아신은 영원히 복종하겠다는 맹세를 깨고 가야, 왜와 연합하여 고구려를 위협했습니다. 나는 약속을 어기면 어떻게 되는지를 다시 한 번 확실히 가르쳐 주어야 했지요.

오진실 변호사　　그래서 백제에게 본때를 보여 주기 위해 백제와 동맹 관계에 있던 가야를 공격한 것입니까?

교과서에는

▶ 광개토 대왕릉 비문을 보면 "신라가 사신을 보내 왕에게 말하기를 '왜인이 국경에 가득 차 성을 부수었으니, 노객은 백성 된 자로서 왕에게 귀의하여 분부를 청한다'고 했다"라는 내용이 나와 있습니다.

광개토 대왕　　그렇습니다. 나는 백제가 가야와 왜의 군대를 동원해 신라를 공격하려는 움직임을 보인다는 정보를 입수하고 평양으로 급히 내려갔습니다. 여차 하면 백제로 내려가려는 생각이었지요. ▶그런데 갑자기 신라 왕의 사신이 와서 이미 가야와 왜의 연합군이 국경에 당도했고, 성이 함락당할 위기에 빠졌다는 소식을 전하는 겁니다. 가야와 왜는 자기네들의 교역 활동에 끼어들려는 신라에게

본때를 보이려고 생각하던 차에, 신라를 공격해 달라는 백제의 요청이 있었던 것 같습니다.

오진실 변호사 그럼 상황을 전해 듣고 고구려는 선뜻 신라를 돕고자 마음을 먹었나요?

광개토 대왕 물론 우리는 신라를 도와주어도 그만, 도와주지 않아도 그만이었습니다. 선택은 전적으로 우리 몫이었죠. 그래서 신라를 구원할 것인지를 두고 회의를 열었는데, 대체로 구원해 주자는 의견이 많았습니다.

오진실 변호사　　하지만 고구려 병사들이 희생되고 경제
적으로도 부담이 될 텐데 굳이 신라에 군사를 파견할 필요
가 있느냐는 반대 의견도 분명히 있었을 것 같은데요.

광개토 대왕　　이 기회에 백제를 지원하는 가야와 왜의 군
대를 격파해 백제의 손발을 끊자는 의견이 더 많았습니다. 더욱이
원정군이 신라를 구원해 주면 신라까지 우리의 속국으로 삼을 수 있
으니 일석이조라는 것이지요. 그래서 ▶군대를 정비하여 보병과 기
병을 합하여 군사 5만 명을 보내어 신라를 구원하도록 했지요.

오진실 변호사　　정리하면 백제는 가야와 왜의 군대를 동원하여 신
라를 공격하게 하고, 고구려는 가야를 공격해서 백제의 힘을 약화시
키려고 한 것이군요. 이 전쟁은 어떻게 전개되었습니까?

광개토 대왕　　우리 고구려군은 이미 여러 차례 전쟁을 경험했던 노
련한 군사들이었습니다. 백제 토벌과 북방의 비려, 숙신
정벌에도 참여했던 역전의 용사들이었지요. 나는 우리 군
대의 승리를 확신하고 있었습니다.

오진실 변호사　　그런 훌륭한 군대를 가지고 있었다면 간
단히 승리했겠네요.

광개토 대왕　　순조롭게 남쪽으로 내려간 우리 군사들은
남거성을 공격했습니다. 남거성에 있던 가야와 왜의 연합
군은 우리 군대에 쫓겨 신라의 도성까지 퇴각했지요. 당시
신라 도성은 적병들로 포위되어 있었는데, 우리 군대가 도
착하자 적병들은 제대로 저항도 못하고 남쪽으로 달아났

교과서에는

▶ 가야는 낙동강 동쪽으로
진출하기 위해 여러 번 시도
했지만 번번이 신라에게 가
로막혔습니다. 그러자 가야
는 신라를 견제하기 위해 백
제와 밀접한 관계를 유지했
지요. 고구려가 신라를 돕기
위해 5만의 군대를 보내 가
야 지역을 공격하자, 금관가
야는 큰 타격을 입어 연맹의
맹주 지위가 흔들리게 되었
습니다.

습니다. 그 뒤를 계속 추격하니 적병은 낙동강을 건너 가락국으로 들어가 종발성이라고 불리는 요새에서 저항했지요. 그러나 결국 오래 버티지 못하고 성문을 열고 항복했습니다.

오진실 변호사　신라의 도성까지 포위할 정도면 가야와 왜의 군대도 전투력이 막강했다는 얘기인데, 왜 고구려의 군대에게는 그렇게 맥없이 쫓겨 갔습니까?

광개토 대왕　그들의 무기와 갑옷은 고구려에 비하면 형편없는 것들이었어요. 게다가 그들은 우리 군대만큼 풍부한 전투 경험이 없었다는 게 원인이라 생각합니다.

오진실 변호사　그런데 증인, 신라 도성의 포위를 풀어 주었으면 그것으로 신라 왕의 구원 요청은 해결되었는데, 굳이 퇴각하는 가야와 왜의 연합군을 가야의 중심지인 가락국까지 쫓아가서 항복을 받아낼 필요가 있었습니까?

광개토 대왕　우리의 목적은 앞서도 얘기했듯이 신라를 구원하는 것이 아니었습니다. 이 기회에 가야와 왜를 격파함으로써 다시 일어서기 어려울 정도의 타격을 줄 생각이었지요. 그렇게 되면 백제는 더 이상 지원을 기대할 수 없어서 우리 고구려에 감히 대항할 생각을 할 수 없을 테니까요.

오진실 변호사　그렇군요. 광개토 대왕이 남쪽을 정벌한 원인과 전개 과정에 대해서는 충분히 설명이 된 것 같습니다. 증언해 주셔서 감사합니다.

광개토 대왕의 정복 활동

395년 백제의 공격을 패수에서 격퇴.

396년 대대적인 백제 공격. 아리수(한강) 이북의 58개 성 700여 개 촌락
       공격.

       아신왕의 항복을 받음.

398년 숙신을 정벌하여 복속시킴.

400년 가야와 왜 연합군 격퇴. 가락국 초토화하고 신라를 속국으로 삼음.

404년 후연 공격. 요동성을 비롯한 요하 동쪽 지역을 점령.

       전국 시대 연에게 잃었던 고조선의 땅을 700여 년 만에 회복.

407년 대대적인 백제 공격. 6개 성 점령.

410년 동부여 공격하여 복속시킴.

412년 39세로 승하. 재위 기간에 64성 1,400촌락 정복.

광개토 대왕이 가야를 공격한 후
한반도 남부는 어떻게 바뀌었을까?

판사 지금까지 원고 측의 입장을 들었습니다. 이제 피고 측의 입장도 들어 보고 싶은데요. 피고 측 변호인, 변론하시겠습니까?

이대로 변호사 물론입니다. 광개토 대왕에게 구원을 요청한 신라의 내물왕에게 당시 신라의 상황을 들어 보고 싶습니다.

판사 증인 신문을 허락합니다. 내물왕은 나와서 선서를 해 주세요.

내물왕 선서. 나 내물왕은 진실만을 말할 것을 맹세합니다.

이대로 변호사 증인, 신라는 처음에 백제와 좋은 관계를 유지했는데, 왜 고구려에 구원을 요청하게 되었습니까?

내물왕 신라와 백제는 사실 겉으로만 좋은 관계였습니다. 백제 근초고왕이 우리와 친선 관계를 맺으려고 했던 것은 순전히 고구려를 견제하기 위해서였지요. 당시 신라는 남해안 지역으로 진출해서 왜와 교역을 하려고 했지만 가야와 왜는 우리를 별로 달가워하지 않았어요. 그런데 백제는 이 상황에서 우리를 도와주기는커녕, 오히려 그런 가야와 왜를 지원해 주더군요. 그래서 우리는 백제의 무역선을 사로잡고 교역품을 빼앗으면서 백제와의 외교를 끊어 버렸습니다.

판사　백제로서는 그런 조치에 상당히 화가 났을 것 같은데요?

내물왕　백제는 그들 나라의 군대를 직접 보내지 않고, 가야와 왜가 우리를 공격하도록 뒤에서 조종했습니다. 지금까지의 교전과는 비교도 되지 않는 병력으로 말이죠. 가락국의 주력 부대와 왜에서 파견된 수많은 군사가 우리 국경에 물밀듯이 몰려왔습니다. 우리 군사로는 더 이상 버티기가 어려워서 어쩔 수 없이 고구려에 구원을 요청할 수밖에 없었습니다. ▶고구려가 순순히 구원군을 파견해 주자 전쟁이 끝나고 나는 그에 대한 보답으로 직접 고구려에 조공을 바치러 가 속국이 되겠다고 맹세했습니다.

이대로 변호사　고구려의 속국이 된 것은 너무 굴욕적인데요.

내물왕　우리에게 좋은 점도 있었습니다. 우리는 고구려의 후원을 얻어 낙동강 동쪽을 거의 우리 영토로 만들 수 있었지요. 낙동강 동쪽을 획득하면서 더욱 풍부한 물자를 얻을 수 있었고, 낙동강의 물을 이용하여 물자를 편리하게 운송할 수 있었습니다.

이대로 변호사　그렇게 힘을 비축해서 증인의 아들인 눌지왕 때는 고구려의 속국에서 완전히 벗어날 수 있었군요. 신라에게는 광개토 대왕의 원정군이 큰 도움이 되었겠습니다. 이상으로 증인 신문을 마치겠습니다.

교과서에는

▶ 내물왕 이후 신라는 고구려의 간섭을 받았습니다. 그러나 5세기 초에는 백제와 동맹을 맺어 고구려의 간섭에서 벗어나고자 했습니다.

　왜 가야는 하나로 통일되지 못했을까?

판사 원고 측, 반대 신문이 필요합니까?

오진실 변호사 네. 판사님. 저도 내물왕에게 질문이 있습니다.

판사 허락합니다. 반대 신문을 해 주세요.

오진실 변호사 증인에게 묻겠습니다. 가야 입장에서는 자신들의 무역을 방해하는 신라를 공격할 수밖에 없었는데요. 가야도 왜도 신라가 교역에 개입하는 것을 싫어했는데 왜 굳이 두 나라 사이에 끼어들려고 했습니까?

내물왕 말을 좀 애매하게 하시네요. 끼어들다니요? 신라로서는 더 이상 우물 안 개구리처럼 경주에만 머물러 있을 수 없어서 방법을 모색한 것뿐입니다. 비록 가야에 비해서 늦긴 했지만 해상 무역을 통해 나라를 부강하게 만들려는 마음을 먹은 것이지요. 오히려 가야가 해상 교역의 주도권을 뺏기지 않으려고 지나치게 욕심을 부려 전쟁이 일어났다고 생각합니다.

오진실 변호사 그건 앞뒤가 맞지 않는 대답이군요. 신라가 무모하게 교역을 시도하지만 않았어도 가야는 군대를 동원할 생각이 없었습니다. 그러니까 원인 제공은 신라가 먼저 한 것이지요. 가야의 해안에 있던 나라들은 농업보다는 교역을 통해서 그들의 생활을 유지해 나갔어요. 신라가 남해안 유역에 개입하려 했던 것은 그 나라들의 생존권을 위협하는 행위였습니다.

판사 자, 양측 신문이 다 끝났다면 증인은 들어가도 좋습니다. 그럼 이제 이 전쟁의 결과를 알아보아야겠는데요. 가야는 그 뒤 어떻게 되었습니까?

오진실 변호사 결과는 이미 아시다시피 고구려 원정군의 일방적인 승리로 끝났습니다. 이 전쟁을 직접 겪은 가락국 5대 왕인 이시품왕을 모셔 자세한 증언을 들었으면 합니다.

판사 좋습니다. 증인 이시품왕은 나와서 선서를 해 주세요.

이시품왕 선서. 나 이시품왕은 진실만을 말할 것을 맹세합니다.

오진실 변호사 생각하기도 싫은 사건에 대해 증언하기 위해 나오신 증인께 진심으로 감사의 말씀 드립니다. 신라 공격을 진두지휘했

던 분이 바로 증인이지요?

이시품왕   그렇습니다. 우리 가야는 신라를 칠 준비를 차곡차곡 하고 있었습니다. 백제에서도 신라를 공격해 주기를 원했고요. 나는 왜국 왕에게도 신라를 공격할 수 있도록 군대를 요청했습니다.

판사   신라를 칠 준비는 완벽히 되어 있었나요?

이시품왕   신라를 두 번씩이나 공격한 적이 있었기 때문에 신라 국경 주변의 지리에는 익숙했고, 신라의 군사력도 충분히 파악된 상태였지요.

판사   그러면 연합군이 신라의 국경을 돌파하기는 어렵지 않았겠군요.

이시품왕   네. 우리는 비교적 손쉽게 갈화(지금의 울산)까지 올라가 신라의 국경 수비대를 쳐부수고 신라 도성으로 진군했습니다. 신라는 처음에는 도성의 성문을 굳게 닫고 버텼는데, 시간이 가면 갈수록 식량과 물이 부족해져 백성들이 동요하게 되었습니다. 우리는 느긋하게 기다리기만 하면 되었지요.

그런데 갑자기 신라 도성의 북쪽 남거성에서 급한 전갈이 왔습니다. 엄청난 고구려의 기병과 보병이 몰려온다는 소식이었습니다. 우리는 일단 물러나 군사들을 매복시켜 놓았지만 고구려의 군대에게 뚫려 버렸습니다. 결국 신라 도성에서도 무수한 군사가 죽어 나갔습니다.

판사   아, 아까 증인 광개토 대왕이 그토록 자랑하던 그 날랜 고구려 군대가 온 것이군요.

이시품왕　　　네. 우리는 어쩔 수 없이 남은 군사들을 추슬러 퇴각할 수밖에 없었습니다. 하지만 고구려군의 추격은 너무나 빨랐습니다. 우리는 도성도 비우고 가장 험한 요새인 종발성으로 들어갔습니다. 그런데 고구려의 보병들은 귀신같이 성벽을 타 넘어 들어와 우리 군사들을 마구 공격했습니다. 왕인 나로서는 적들로부터 우리 백성을 지키기 위해 항복할 수밖에 없었지요.

오진실 변호사　　　말씀만 들어도 정말 비참했을 것 같습니다. 고구려군은 가락국의 항복을 받고 물러갔나요?

이시품왕　　　그렇지 않습니다. 그들은 우리가 항복한 후에도 우리와 함께 군대를 파견했던 안라국과 같은 다른 가야 지역까지 정벌하려고 했습니다. 그러나 안라국의 수비병들은 안라국 외곽에서 그곳 지리에 어두운 고구려군에 대항하여 격렬하게 저항했고, 일부의 군사들은 다시 북쪽으로 가서 신라 도성을 공격했습니다. 이에 고구려군은 이 지역에서 군사들의 희생을 줄이고, 또 신라 도성 쪽으로 북진한 안라국 군사들을 몰아내기 위해 더 이상 전진하지 않고 신라 쪽으로 군대를 돌렸습니다.

오진실 변호사　　　그렇다면 가락국을 포함한 낙동강 하류 지역의 가야 세력은 큰 타격을 받았지만 다른 가야 지역은 전쟁으로 인한 피해가 그렇게 크지는 않았겠군요.

이시품왕　　　겉으로 보기에는 그랬지만, ▶원래 가야의 중심지는 우리 가락국을 비롯한 낙동강 하류 지역이었습니다. 이 중심지가 회복하기 어려운 타격을 받았으므로 이후

교과서에는

▶ 가야는 고구려 광개토 대왕의 공격을 받고 크게 피해를 입었으며, 연맹의 중심 세력이 해체되었습니다. 그 결과 가야 지역은 낙동강 서쪽 연안으로 축소되었지요.

가야는 한동안 아무것도 할 수 없었습니다. 반면, 이 전쟁으로 신라는 가야의 영토까지 잠식하게 되었습니다.

오진실 변호사 얘기를 듣고 보니 가야는 이 전쟁으로 인해 가장 큰 피해를 본 나라라고 할 수 있겠네요. 그러면 이 전쟁에 참여했던 왜는 어떻게 되었습니까?

이시품왕 전쟁에 패배한 후 우리 왕족과 백성이 왜로 많이 건너갔는데, 왜국은 우리를 따뜻하게 맞이했습니다. 그건 너무나 당연한 일이었지요. 우린 선진 문물을 가지고 있었고, 특히 철을 생산하는 우리의 기술은 왜국에게는 너무나 중요한 것이었으니까요.

왜국으로 건너간 가락국의 유민들은 먼저 갑옷을 만들어 주었는데, 이전까지 왜국에서 만들던 갑옷이 철판과 철판을 가죽으로 이은 갑옷이었다면, 가락국 유민들은 그것보다 더 발달한 쇠못으로 철판과 철판을 이은 갑옷을 만들어 주었습니다.

판사 이러한 사실을 증명할 수 있는 유물이나 유적이 있나요?

오진실 변호사 요즘 일본에서 발굴, 조사된 무덤들을 보면, 이 시기에 만들어진 무덤에는 이전 시기와는 다른 유물들이 나온다고 합니다. 즉, 이전 시기에는 농사를 짓는 도구나 제사를 지낼 때 사용하던 도구와 같은 비교적 평화로운 시절에 사용하는 유물들이 많았는데, 400년 이후에는 쇠칼, **말갖춤**, 갑옷과 투구 등 전투적이면서도 강력한 권력을 상징하는 유물들이 발굴, 조사되었습니다.

옥전 고분군에서 출토된 갑옷

일본에서 출토된 스에키 토기. 스에키 토기는 가야 토기의 영향을 받아 만든 흑청색을 띤 단단한 토기입니다. 일본에서는 이 토기를 만들기 이전에는 그릇을 단단하게 만들 수 있도록 가마의 온도를 높이는 기술이 없어 '하지키'라고 하는 연질토기를 사용했습니다.

이것뿐만이 아닙니다. 우리 가야에서 즐겨 만들었던 도질토기를 왜에서도 만들었습니다. 우리 기술자들이 전수해 준 기술이죠. 일본에서는 이 토기를 스에키 토기(須惠器)라고 부릅니다.

도질토기
진흙으로 만든 그릇으로, 환원(還元) 상태에서 구운, 치밀하고 단단한 질그릇이며 주로 회색 또는 검은색을 띠고 있답니다.

판사 정리해 보면 광개토 대왕의 원정으로 말미암아 신라와 왜는 결과적으로 많은 혜택을 입게 되었군요. 그런데 가장 큰 피해를 본 가야는 회복할 수 있었나요?

이시품왕 고구려군의 직접적인 타격을 받은 우리 가야는 이름만 남았을 뿐 옛 모습을 찾기 어려운 지경에 이르렀습니다. 불행 중 다행으로 당시 신라와 백제는 점점 힘이 강해지는 고구려를 견제하느라 우리 가야에 신경 쓸 겨를이 없었지요. 그 사이 가야는 만신창이가 된 나라를 다시 일으키기 위해 노력했습니다.

오진실 변호사　그렇군요. 고구려군의 원정이 남긴 남부 지방의 변화를 아주 세세하게 말씀해 주셔서 대단히 고맙습니다. 이상입니다.

판사　피고 측 변호인, 반대 신문 있습니까?

이대로 변호사　네. 증인은 고구려 원정군 탓에 신라는 더 강성해지고 가야는 약해졌다고 했는데요. 어차피 가야는 통일을 이루지 못했기 때문에 딱히 고구려 원정군이 아니었더라도 시간이 흐를수록 신라보다는 약해질 수밖에 없지 않았나요?

이시품왕　가야가 통일을 이루지 못했다 해도 그 당시 신라보다는 국력이 강했습니다. 고구려 원정군이 아니었다면 역사는 어떻게 전개되었을지 아무도 장담할 수 없다고 생각합니다.

이대로 변호사　하지만 당시 신라는 진한 전체와 낙동강에 가까운 변한의 일부 나라까지도 모두 통합하지만, 가야는 점점 그 영역이 줄어들고 있었지 않습니까? 나라가 커지면 국왕을 중심으로 권력을 중앙에 집중시켜 정치적·경제적·군사적 발전을 이루어야 하는데, 여러 지역에 조그만 국가 형태로만 남아 있던 가야는 신라만큼 발전을 이루기가 어려웠을 겁니다.

이시품왕　물론 우리 가야가 통합을 이루기 어려운 사정은 있었습니다. 그렇지만 당시 신라도 확고하게 국왕 중심의 중앙 집권적인 정치를 했다고 말할 수는 없습니다. 오히려 우리는 전통적인 유대 관계를 맺어 온 왜의 군사를 활용할 수 있어서 군사력은 신라보다 훨씬

더 강했습니다. 그러므로 고구려 원정군이 신라를 돕지 않았다면 가
야와 신라 사이에 힘의 균형은 절대로 무너지지 않았을 것입니다.

오진실 변호사　그렇습니다. 가야가 전쟁의 폐허 속에서 국가의 운
명을 건 재건 활동을 하는 동안 신라는 고구려의 지원을 받아 인근
의 작은 국가들을 정복하면서 국가의 규모를 비약적으로 키워 나갔
지요. 만약 고구려의 원정군이 신라를 돕지 않았다면 적어도 낙동강
유역의 여러 가야 국가들이 그렇게 허무하게 신라로 흡수되지는 않
았을 것입니다.

판사　역시 가야의 몰락과 신라의 성장을 바라보는 견해차가 상당

하군요. 지금까지 고구려의 군사 지원이 가야와 신라에게 어떤 영향을 미쳤는지, 그리고 그 과정을 충분히 들었다고 생각합니다. 다음 재판에서는 가야가 이후 신라와 어떤 관계를 형성했는지 알아보도록 하겠습니다. 그럼 세 번째 재판 때 뵙겠습니다.

　땅, 땅, 땅!

가야 초기 사람들의 생활 모습

경상남도 사천시 삼천포항과 창선도 사이의 작은 섬, 늑도에는 가야 초기 사람들이 살았습니다. 이곳에서는 독무덤, 움무덤이 많이 발견되었습니다. 여기서 발견된 사람의 뼈를 분석해 본 결과, 주로 10대 후반에서 20대 초반의 것들이 많았습니다. 당시 사람들이 그리 오래 살지 못했다는 것을 알려 주는 것이지요. 사람 뼈와 함께 개의 뼈가 출토된 무덤도 있었는데 그 뼈가 가지런히 놓인 것으로 보아 가야 사람들은 평소 애완견을 길렀을 것으로 추측하고 있습니다.

늑도에서 발견된 유물·유적 중 가장 많은 것은 집터인데, 150여 개 정도가 발견되었습니다. 한 가구당 5인 가족이 생활했다고 치면, 약 750명 정도로, 현재 이곳의 인구보다 오히려 더 많았다고 볼 수 있지요.

이 지역에서 발견된 집터는 동그란 원형과 사각형으로, 한쪽 편에는 부뚜막과 원시적인 온돌도 있었습니다. 온돌 문화가 한반도에 처음 나타난 것은 기원전 3세기경인데, 늑도의 온돌은 지금까지 남한 지역에서 발견된 유적으로는 가장 이른 시기의 것입니다.

다알지 기자

안녕하세요. 법정 뉴스의 다알지 기자입니다. 오늘도 저는 시청자 여러분의 궁금증을 해결해 드리기 위해 법정에 나와 있습니다. 오늘 두 번째 재판에서는 광개토 대왕이 신라를 도와 가야를 공격한 것에 대해 주로 이야기했습니다. 그 공격으로 인해 가야의 세력이 급격히 약해져 결국 멸망에 이르게 한 장본인임에도 원고 측 증인으로 나와 솔직한 증언을 해 주었습니다. 아, 마침 재판이 끝났나 봅니다. 오늘은 법정 공방의 성격상 원고 측 증인 두 분을 모시도록 하겠습니다. 가락국 이시품왕을 모시고 고구려 공격이 가야의 국가 발전에 어떤 영향을 미쳤는지, 또 오늘 재판에 대한 소감을 듣도록 하겠습니다. 그리고 광개토 대왕을 모시고 신라의 요청을 받았을 때와 오늘 증인 출석 요구를 받았을 때의 심경을 여쭤 볼까 합니다. 먼저 가락국 이시품왕께 한 말씀 부탁드리겠습니다.

이시품왕

첫 번째 재판에서 원고 월광 태자가 고구려
의 공격으로 가야의 국가 발전이 뒤처지게 되었
다고 했는데, 맞는 말입니다. 고구려 공격 때문에 우리
가야의 세력이 낙동강 서쪽으로 축소된 것은 사실이니까요. 그 일만
아니었으면 우리 가야는 더 큰 나라로 발전할 수 있었을 겁니다. 우리
가 당시 통일된 국가를 이루지 않은 것뿐이지 군사력은 신라보다 강했
고, 문화적으로도 발전해 있었어요. 결국 신라는 우리의 교역을 방해
한 것도 모자라서 가야가 발전할 수 있는 가능성마저 없앤 셈이지요.
오늘 재판 내내 고구려가 우리 가락국을 공격하던 때가 떠올라 괴로워
서 견딜 수가 없었어요. 특히 미안한 마음에 재판을 보러 온 가야 백성
들 얼굴조차 제대로 쳐다볼 수가 없더군요.

광개토 대왕

　　사람들은 내가 원고 측 증인으로 나온 게 아주
이상한 모양이오. 그리 수군거리는 걸 보면. 사실
증인 요청을 받았을 때 망설이지 않은 것은 아니오. 그
러나 사실을 밝히는 자리이니만큼 어느 쪽 증인으로 나온들 상관없다
는 생각이 들었소. 신라의 군사 요청을 받았을 때도 남의 나라 싸움에
끼어드는 것이라 우리는 많이 고심했었소. 그러나 고구려로서는 백제
를 손봐 줄 수 있는 기회라고 여겼소. 당시 백제는 가야와 왜의 군대를
동원하여 기세를 확장하려는 움직임을 보였고 우리는 당연히 그런 백
제를 견제해야 할 필요성을 느꼈소. 그래서 나는 신라를 돕기 위해 5만
명의 군사를 보낸 것이오. 우리의 공격으로 가야의 힘이 약해져 결국
역사에서 사라지게 한 것은 유감이긴 하지만, 뭐 어쩌겠소. 그것이 국
제 관계의 이치인 것을.

찬란한 유산을 남긴 가야

삼국의 역사와 함께 우리나라의 근간을 형성하고 있는 가야. 섬세하고도 수준 높은 문화유산을 남긴 가야의 숨결을 함께 느껴 볼까요.

상형 토기

가야의 무덤에서는 동물이나 물건을 본떠서 만든 상형 토기가 출토되었어요. 사진 속 유물도 이러한 상형 토기에 속하지요. 가운데 있는 것은 '말머리 모양의 뿔잔'으로 술과 같은 음료를 마시던 뿔잔에 동물의 머리 모양으로 장식한 것이 특징이지요. 다른 두 개의 유물도 사슴과 같은 동물 모양의 장식을 쉽게 찾아볼 수 있답니다.

청동 솥

가야는 바다와 접해 있어 다른 나라와 교류를 활발히 했던 것으로 보여요. 특히 사진 속 유물 인 청동으로 된 솥은 대륙과의 교류 관계를 보 여주지요. 왜냐하면 이 유물은 내몽골과 같은 유목 기마민족 계통의 것이기 때문이에요. 이것 은 경남 김해 대성동에서 출토되었답니다.

바퀴 달린 잔

가야의 토기는 지역에 따라 그릇의 모양이나 무 늬 등에서 차이를 보이며 발전해 왔어요. 또한 독특한 모양을 한 토기도 다소 찾아볼 수 있지 요. 이 중에서도 사진 속 유물은 두 개의 컵을 올 린 뒤 양 옆에 두 개의 수레바퀴를 붙여놓은 형 태의 잔이지요.

용봉 무늬 고리자루칼

가야의 무기 중 칼에 해당하는 유물로 가상의 동물인 용이나 봉황을 새긴 것이 특징이에요. 이렇게 용이나 봉황이 그려져 있는 것은 왕과 같은 지배자들이 가졌던 것으로 추측되지요. 또한 자루 끝의 모양이 둥근 고리 형태를 띠고 있는 독특한 유물이에요.

가야는 어떻게 신라에게 멸망했을까?

1. 가라국이 신라와 결혼 동맹을 맺은 이유는 무엇일까?
2. 백제 성왕은 왜 가야의 나라들을 모아 회의를 했을까?
3. 관산성 전투가 정말 가야를 멸망의 길로 이끌었을까?

가라국이 신라와 결혼 동맹을
맺은 이유는 무엇일까?

판사　오늘 재판에서는 가야가 어떻게 신라에게 멸망했는지, 그리고 그 결과에 대해 알아보겠습니다.

오진실 변호사　알겠습니다, 판사님. ▶가야는 고구려의 공격으로 큰 타격을 입고 약해졌지만, 경남 내륙에 있는 지역만은 이 전쟁에서 직접적인 피해를 입지 않았는데요. 오히려 발달된 기술을 가진 가락국의 피난민들이 이곳으로 이주해 와, 이전보다 더 성장하기도 했습니다.

판사　좀 더 자세히 설명해 주세요.

오진실 변호사　가야 초기 가락국과 버금갈 정도로 컸던 안라국은 큰 피해를 보지 않아 신라의 방해를 받지 않고 꾸준히 발전할 수 있었습니다. 경남 해안가와 남강 지역의 가야 세력 역시 비록 통합은 이루지 못했지만 각각의 지역에서 독립적으로 성장했고요. 하지만 신라와 가까운 지역인 지금의 성주, 창녕, 양산, 부산 등은 그럴 수 없었지요. 이 지역들은 신라에 복종하는 대가로 자기 지역에 대한 권한을 인정받고 세력을 유지하는 것에 만족하는 처지가 되었습니다.

판사   가야는 낙동강 동쪽을 거의 잃어버린 셈이니 이전보다는 영토가 많이 축소된 것이군요.

오진실 변호사   물론 그런 면도 있습니다만 경남 내륙 지역은 사실 가야 초기에는 너무나 미미한 존재였습니다. 그런데 가락국 몰락 이후에 크게 성장해서 영토는 오히려 가야 초기보다도 더 넓어졌지요.

판사   그 이유가 무엇인가요?

오진실 변호사   경남 내륙 지역은 광개토 대왕 원정군의 피해를 받지 않았고 철을 많이 생산할 수 있어서 국가로 발전할 수 있었습니다. 이 지역이 가락국보다 농사가 잘되는 곳이었다는 점도 빼놓을 수 없는 중요한 이유이고요.

판사   그럼 그처럼 좋은 조건을 기반으로 경남 내륙 지역에서 가장 크게 성장한 곳은 어디입니까?

오진실 변호사   보통 가야를 부를 때 '가야 연맹'이라고 많이 얘기합니다. 초기에 이 가야 연맹의 맹주는 김해 가락국이었습니다. 하지만 가락국 몰락 이후에 고령의 가라국, 즉 대가야가 새로운 연맹의 맹주로 성장했지요. 원고 월광 태자가 바로 이 가라국의 마지막 태자였던 것입니다.

『**신증동국여지승람**』
조선 시대 지리서로, 신라 말의 대문장가인 최치원이 편찬한 『석이정전』과 『석순응전』이라는 문헌에 나오는 가라국의 건국 설화를 인용하여 싣고 있습니다.

가야금
우리나라 고유 현악기의 하나로, 오동나무로 된 긴 공명판 위에 열두 줄의 명주 줄을 매고 손가락으로 뜯어 소리를 내는 악기이지요. 『삼국사기』'악지'와 '신라본기' 진흥왕조에는 가야국 가실왕이 가야금을 만들었다고 하며, 『신증동국여지승람』에는 우륵이 가야금을 만들었다고 기록되어 있어요. 가야 시대에 조금이라도 더 가까운 『삼국사기』 기록이 보다 더 정확한 사료일 수도 있으나 우륵이 제작했다는 기록도 무시할 수는 없습니다.

『신증동국여지승람』에 가라국의 건국 설화가 실려 있는데, 가야의 여러 나라 중에서 건국 설화가 있고 지금까지 전해지는 나라는 김해의 가락국과 고령의 가라국밖에 없지요.

판사　　그런데 오 변호사, 문득 드는 생각인데 가야 하면 딱 떠오르는 분이 **가야금**을 만든 우륵 선생 아닌가요? 가만있어 보자, 피고 측에서 그분을 증인으로 신청한 것 같은데 그분을 통해서 당시 얘기를 들어 보았으면 합니다. 피고 측 변호인, 어떻습니까?

이대로 변호사　　판사님, 그렇지 않아도 지금 증인을 부르려던 참입니다. 가야의 세력 범위와 주변국과의 외교 관계에 대한 궁금증을 풀어 드리기 위해 가라국의 악사 우륵 선생을 모시도록 하겠습니다.

판사　　증인은 나와서 선서를 해 주세요.

우륵　　선서. 나 우륵은 진실만을 말할 것을 맹세합니다.

악사 우륵은 많이 긴장한 듯 보였다. 그도 그럴 것이 우륵은 가야 사람이었지만 신라로 망명하여 진흥왕의 보호를 받으며 살았기 때문이다. 그런데 지금 이 법정에 그 시절의 사람들이 많이 몰려와 있었던 것이다. 우륵은 복잡한 심정으로 증인석에 앉았다.

오진실 변호사　　판사님, 증인 신문을 제가 먼저 하고 싶습니다.

판사 피고 측 변호인, 괜찮겠습니까? 그럼 오 변호사 신문하세요.

오진실 변호사 증인, 너무 긴장하지 않아도 됩니다. 편안하게 말씀해 주세요. 참으로 사연 많은 세월을 보냈는데, 이렇게 또 법정에 불러 그때의 일들을 떠올리게 해 죄송합니다.

우륵 아닙니다. 지나간 일을 돌아보면서 내 인생을 정리하는 것도 의미 있는 일이지요.

판사 증인은 먼저 자기소개를 해 주시기 바랍니다.

우륵 그냥…… 뭐…… 나는 음악이 삶의 전부인 그저 평범한 악사입니다.

이대로 변호사 저, 판사님. 우륵 선생이 워낙 겸손한 분이라서 저렇게만 말씀하시는군요. 제가 대신 소개하겠습니다. ▶증인은 고구려의 왕산악, 조선 시대의 박연과 함께 3대 악성의 한 사람으로 추앙받는 분으로, 선생의 출생지는 『삼국사기』에 의하면 가야국 **성열현**이라는 곳입니다. 맞지요?

우륵 출생지가 뭐 그리 중요하겠습니까? 바람 따라, 소리 따라 그냥 흘러가는 인생인걸요.

오진실 변호사 어쨌든 증인은 가라국에서 활동하신 것이 확실하고, 가실왕의 명으로 가야금 곡을 만들었다고 들었습니다. 증인이 만든 곡은 어떤 것입니까?

이대로 변호사 판사님, 이의 있습니다. 지금 이 자리는

성열현
우륵의 출신지인 '성열현'에 대해서는 다양한 해석이 있어 쉽게 결론지을 수는 없지만 대체로 의령군 부림면이라는 설과 거창군 가조면이라는 설이 있습니다. 성열현은 『삼국사기』 '지리지'에는 나오지 않고 '악지'에만 나오지요. 또 '김유신 열전'에 성열성이라는 지명이 나옵니다.

교과서에는

▶ 고대의 음악가로는 신라의 백결 선생, 고구려의 왕산악, 가야의 우륵이 유명합니다. 우륵은 가라국의 음악가로서 열두 곡의 가야 음악을 지었어요. 그는 가라국이 멸망하기 직전 가야금을 가지고 신라의 진흥왕에게 투항했습니다. 이후 국원소경(충주)에서 제자들을 가르치며 가야의 음악을 후세에 전달하는 데 이바지했답니다.

증인의 노래를 소개하는 곳이 아닙니다. 원고 측 변호인은 증인에게
노래 자랑이라도 시킬 모양인가 봅니다.

오진실 변호사   아닙니다, 판사님. 우륵 선생과 음악 이야기는 떼려
야 뗄 수 없는 관계이기에 음악 얘기로 시작하려는 것뿐입니다.

판사   인정합니다. 오늘 온 방청객들도 우륵 선생의 음악 이야기
를 듣고 싶어 할 것 같습니다. 증인은 설명해 주시지요.

우륵   가라국의 가실왕은 가야 여러 나라의 방언이 서로 달라 성
음(聲音)을 통일하기 위하여 내게 **가야금 곡**을 작곡하라고 명했습니
다. 이에 나는 가라국과 연맹을 맺은 나라와 연맹에 포함하고 싶은

나라들의 이름을 따서 열 곡을 만들었고, 곡예와 탈춤에 관련한 기악곡 두 곡을 지었습니다.

오진실 변호사　　그렇군요. 그런데 꼭 가라국과 연맹 관계에 있지 않은 나라들의 이름까지 넣어서 악곡의 이름을 지어야 했나요?

우륵　　내가 살던 시대에 가야는 몇 개의 지역으로 나누어져 각각 연맹체를 이루고 있었습니다. 내가 살던 가라국을 중심으로 한 대가야 연맹체를 포함해서 크게 세 개의 연맹체로 나누어져 있었지요. 그런데 가라국의 가실왕은 이들을 모두 통합하려는 마음을 갖고 있었습니다. 옛날에 음악은 왕의 권력을 크게 하고 나라를 잘 다스리려는 목적으로 사용되었지요. 그래서 가실왕은 모든 가야 사람들이 함께 곡을 듣게 하고자 내게 이 가야금 곡을 만들라고 명령한 것입니다.

오진실 변호사　　그게 가야금 곡을 만들게 된 이유의 전부입니까?

우륵　　아닙니다. 가야금 곡을 만들게 된 또 다른 이유는 바로 백제의 위협 때문이기도 했습니다. 무령왕이 즉위한 후 백제는 국가를 정비하면서 서서히 남쪽으로 세력을 뻗쳐 오더니, 결국 전라도 동부 지역의 땅을 두고 가라국과 충돌하게 되었습니다. 왕은 가야 사람들의 결속을 강화하기 위해서 가야금 곡을 짓게 한 것입니다.

오진실 변호사　　이런 걸 보고 어제의 동지가 오늘은 적이 되었다고 하나요? 정말 국제 관계는 앞일을 내다볼 수가 없군요. 가라국은 백제의 침략에 맞서 어떤 대책을 마련했습니까?

> **가야금 곡**
> 우륵이 작곡한 가야금 곡의 이름은 하가라도, 상가라도, 보기, 달이, 사물, 물혜, 하기물, 사자기, 거열, 사팔혜, 이사, 상기물입니다.

우륵   백제는 집요하게 섬진강 하류를 차지하려고 했습니다. 백제
와 무역을 하려는 왜의 선박들이 이곳으로 들어오기 때문이지요. 하
지만 가라국은 이들이 교역을 못하게 하도록 왜의 선박들을 쫓아 버
렸습니다.

오진실 변호사   백제와 왜가 무역하는 것을 방해했다는 말이군요.

우륵   그럴 의도였지만 왜인들은 1년 동안이나 문모라(지금의 경상
남도 남해)라는 곳에 정박해 있다가 백제 땅이 된 기문(지금의 남원)으
로 들어갔습니다. 백제는 이들을 도성으로 불러들여 옷과 도끼, 철,

비단 등을 후하게 주었고요. 결국 가라국은 대사진(지금의 하동)을 지켜 내긴 했지만, 왜와의 교역에서는 백제에 패한 것이나 다름없었습니다. 고립된 가라국은 신라와 우호 관계를 맺었지요.

오진실 변호사　1년이나 기다려 교역을 하다니 왜도 백제와의 무역에 굉장히 필사적이었군요. 그럼 고립된 가라국은 어떤 식으로 신라와의 관계를 다졌나요?

우륵　가라국의 이뇌왕은 522년, 사신을 신라에 보내 신라 왕녀를 왕비로 맞아들일 것을 제의했고, 이 제의를 받은 법흥왕은 이찬 비조부의 누이를 가라국으로 시집보냈습니다. ▶이렇게 하여 가라국과 신라 사이에는 결혼 동맹이 맺어지게 되었고, 가라국에 시집온 이찬 비조부의 누이가 오늘 소송을 제기한 원고인 월광 태자를 낳은 것이지요.

오진실 변호사　그럼 신라와는 좋은 관계가 지속되었나요?

우륵　웬걸요. 이 결혼 동맹은 곧 깨져 버렸습니다. 가라국 이뇌왕은 연맹체의 맹주로서 신라 왕실과 결혼 관계를 맺은 것을 연맹 내의 나라들에 과시하고 싶었지요. 그래서 신라 왕녀의 시종들을 각 지방에 나누어 배치했습니다. 그런데 신라 사람이라도 가야로 왔으면 가야의 옷을 입는 것이 당연한 것 아닙니까? 하지만 신라 법흥왕은 비밀리에 시종들에게 신라의 옷을 그대로 입도록 했습니다. 사실 신라가 가라국에 왕녀를 보낸 것은 가야 지역을 정복하기 위한 명분을 만들기 위해서였거든요. 탁순국(지금의 창원) 왕은 시종들이 신라 옷으로 갈아입은 걸 알게 되자, 가라국 왕의 허락도 없이 자기 지역에 있던 시종들을 신라로 쫓아 버렸습니다.

오진실 변호사　　신라에서는 되돌아온 시종들을 보고 노발대발했겠군요.

우륵　　맞습니다. 신라는 이를 트집 잡아 가라국에게 결혼 동맹을 없었던 일로 하기를 요구했습니다. 가라국 이뇌왕은 동맹을 깰 수 없다고 밝혔지요. 그러자 신라 법흥왕은 이 일의 책임을 물어 가라국 다섯 개의 성을 함락시켰습니다. 결국 결혼 동맹은 7년 만인 529년에 깨지게 되었지요.

오진실 변호사　　가라국은 백제를 피하려다 더욱 나쁜 선택을 하게 된 셈이군요. 가라국은 연맹 내의 국가들로부터 많은 비난을 받았겠는데요?

우륵　　그렇습니다. 백제와 신라가 각기 가야 지역에 세력을 점점 확장해 왔지만 가라국은 이들을 제압할 힘이 없었어요. 가라국이 연맹 내 여러 나라의 안전을 보장해 주지 못하자, 각국은 그들의 살길을 찾아야 했습니다. 그 과정에서 연맹을 탈퇴하는 나라도 생겼지요.

오진실 변호사　　탈퇴라면 곧 배신이었겠군요.

우륵　　맞습니다. 탁국(지금의 진영)은 가라국이 약해지자 신라에 항복해 버렸습니다. 또 탁기탄국(지금의 영산)은 가야와 신라의 접경에 있어서 늘 공격을 당하다가 결국 멸망했고요. 상황이 이렇게 되자 남쪽에 있던 안라국이 대외 관계에 있어 가야 여러 나라를 대표하겠다고 자처하고 나섰습니다.

오진실 변호사　　　결국 신라의 법흥왕은 가라국과 결혼 동맹을 맺을 때부터 가야 지역을 정복하고자 했던 꿈을 조금이나마 달성한 거네요.

우륵　　　신라의 계략에 말려들어 연맹체 중에서 탁기탄국과 탁국을 잃은 것이지요. 대가야 연맹체는 동남부 지역 국가들이 멸망하면서 점점 무너지기 시작했습니다.

이대로 변호사　　　판사님, 이제 피고 측에서 증인에게 질문해도 될까요?

판사　　　그렇게 하세요.

이대로 변호사　　　증인, 가라국의 당시 상황을 알 만한데요. 그럼 그렇게 나라가 어지러울 때 증인은 나라를 떠나 신라로 간 이유가 무엇입니까?

우륵　　　당시에 가라국은 외교적인 문제 때문에 정치 지도자들 간에 갈등이 있었습니다. 즉, 백제가 대가야 연맹체의 동쪽 국경을 점령하려 하자 신라와 가까이 지내야 한다고 주장하는 사람들이 많아졌습니다. 원래 가라국은 백제와 우호적인 관계였으므로 친백제파가 많았는데 이제 친신라파가 생긴 것이죠. 가라국 이뇌왕은 친신라파의 의견을 듣고 신라와 결혼 동맹을 맺었던 것입니다. 그런데 529년 가라국과 신라의 결혼 동맹이 깨지고 신라가 대가야 연맹의 동쪽 국경 지대의 성들과 탁국, 탁기탄국을 흡수하면서 친신라파는 권력 다툼에서 친백제파에게 밀려나게 된 것입니다.

이대로 변호사　　　증인은 친신라파였으니 권력 다툼에서 밀려났겠군요.

우륵　　　그렇습니다. 친백제파는 친신라파 때문에 오늘날과 같은 사

태가 벌어지게 되었다고 친신라파에게 책임을 물어야 한다고 했습니다. 나는 국내에 가만히 있다가는 언제 숙청될지 알 수 없어 어쩔 수 없이 신라로 망명하게 되었던 것이지요.

무엇보다 나는 가야금 곡을 좀 더 다듬어 완성하는 것을 평생의 사명으로 생각해 왔습니다. 그래서 구차한 목숨이지만 좀 더 살아서 가야금 곡을 완성하고 후대에 전하기 위하여 가야금을 끌어

숙청
정치 단체나 비밀 결사의 내부 또는 독재 국가 등에서 정책이나 조직의 일체성을 확보하기 위하여 반대파를 처단하거나 제거하는 것을 말합니다.

안고 신라로 떠났던 것입니다.

오진실 변호사　어쨌든 그것은 목숨을 보전하기 위해 조국을 배신한 것이네요.

이대로 변호사　판사님, 이의 있습니다. 증인은 평생 간직한 자신의 음악적 신념을 지키기 위해 신라로 망명할 수밖에 없었습니다. 배신이란 말로 증인을 비난해서는 안 될 것입니다.

판사　인정합니다. 원고 측 변호인, 우륵은 증인으로 나왔으니 직접적으로 비난하는 말은 삼가해 주세요.

오진실 변호사　알겠습니다. 증인 신문을 이것으로 마치도록 하겠습니다.

판사　피고 측 변호인, 더 질문 있습니까?

이대로 변호사　네, 증인께 묻겠습니다. 가야 여러 나라가 모여 연맹체를 결성했는데 그중에 가라국이 연맹의 맹주라고 했습니다. 그런데 안라국을 비롯해 다른 나라들도 가라국이 맹주라는 것을 인정했나요?

우륵　음, 그건……. 가라국 주변의 여러 나라와 낙동강 동쪽과 하류에 있던 나라들 정도가 대가야 연맹체를 구성한 나라들이고, 나머지는 별도의 연맹체를 이루고 있었습니다.

이대로 변호사　그런데 왜 가라국은 이들을 흡수해서 큰 연맹체를 형성하지 못했을까요?

우륵　그건 내가 생각하건대 가라국이 이들 전체를 포함할 만큼 큰 힘을 갖지 못했기 때문입니다. 예를 들어 안라국 처지에서 보면,

원래 그들이 가라국보다 훨씬 큰 나라였는데 이제 가라국이 좀 강해
졌다고 가라국을 맹주로 받들 수는 없었겠죠.

이대로 변호사　결국 가야는 어차피 통합되기 어려운 형편이었다
는 얘기 아닙니까?

우륵　가야가 통합할 힘이 있었느냐 없었느냐 하는 것은 내가 이
자리에서 얘기할 수 있는 사항이 아닙니다. 나는 가야의 악사일 뿐
입니다.

이대로 변호사　이건 본 재판 주제와는 크게 상관있는 질문은 아니
지만 많은 분이 궁금해 할 것 같아서 드리는 질문인데요. 증인은 신
라에 가서 어떤 대접을 받았습니까?

우륵　나는 신라로 가서 진흥왕에게 몸을 의탁했습니다. 진흥왕은
국원소경(지금의 충청북도 충주)에 내가 있을 곳을 마련해 주고 주지,
계고, 만덕 세 사람을 보내 나의 음악을 전수받게 했지요. 나는 국원
소경에 머물면서 가야의 멸망 소식을 들었습니다. 물론 진흥왕은 나
를 많이 배려해 주었지만 가야가 망했다는 소식을 들으니 너무나 가
슴이 아팠습니다.

이대로 변호사　그래도 가야금 곡을 후세에 남길 수 있었으니 증인
의 목적은 달성한 것 아닙니까?

우륵　꼭 그렇다고 볼 수는 없습니다. 주지, 계고, 만덕은 나의 음
악을 전수받고는 내 곡이 번거롭고 음란하여 단아하고 바르지 못하
다며 곡을 줄여 다섯 곡으로 만들었습니다. 난 그 말을 전해 듣고 너
무나 분했습니다. 비록 나라를 버리고 망명했지만 그래도 명색이 그

들의 스승인데 제자들에게까지 업신여김을 받는다는 생각이 들었기 때문입니다.

우륵은 그때의 감정이 되살아나는 듯 증언을 하다가 고개를 떨구고 두 주먹을 꽉 쥐었다. 잠시 숨을 고른 뒤 우륵은 말을 이었다.

우륵　어느 날 그들은 내게 와서 곡을 연주해 보겠다고 했습니다. 나는 그들의 연주를 들으면서 생각했습니다. '어차피 나라는 망했고, 나는 덤으로 살아가고 있다. 처음 이 곡들은 가야를 위해서 지었던 것이다. 이제 가야가 멸망했으니 내가 지은 곡도 끝났다. 그러니 그들이 어떻게 바꾸어도 이미 내 손에서 벗어난 것 아닌가' 하는 생각이 들었습니다. 그러자 모든 미련이 없어졌지요. 그러고는 그들에게 직접 임금 앞에서 연주하라고 했지요.

결국 신라 사람들은 가야의 음악을 그들 기호에 맞도록 바꾸어 버린 것입니다. 진흥왕은 주지, 계고, 만덕이 연주하는 곡을 듣고 크게 기뻐하여 이 곡조를 대악(大樂)으로 삼았다고 합니다. 이렇게나마 가야의 흔적이 남을 수 있는 것도 다행이지요.

이대로 변호사　그렇군요. 증인 말씀 잘 들었습니다.

2

백제 성왕은 왜 가야의 나라들을
모아 회의를 했을까?

판사　그럼 다시 본론으로 돌아와 봅시다. 가라국은 신라에 의해 배신을 당하고 영토를 많이 빼앗겨 신라에게 나쁜 감정을 가지게 되었을 텐데요.

오진실 변호사　그렇습니다. 가라국의 세력이 약해지자 이번에는 안라국이 가야의 맹주를 자처했습니다. 안라국은 가야 남부 여러 나라의 단결을 주도하기 위해 높은 건물을 새로 지어서 백제, 신라, 왜 등의 사신을 초빙하고 몇 달 동안 회의를 개최했습니다. 이것을 '안라 회의'라고 합니다.

판사　회의를 왜 열었던 것이지요?

이대로 변호사　판사님, 그것은 제가 말씀드리겠습니다. 회의의 실질적인 목적은 국제회의를 개최함으로써 안라국이 가야 남부 지역

여러 나라를 이끌어 가는 맹주라는 것을 대외적으로 과시하기 위해 서였습니다. 여기서 백제의 성왕을 증인으로 모셔서 당시 상황을 자세히 들어 보았으면 합니다.

판사 좋습니다. 증인 성왕은 나와서 선서해 주세요.

성왕 선서. 진실만을 말할 것을 맹세합니다.

이대로 변호사 나와 주셔서 감사합니다. 안라국이 국제회의를 개최한 후 증인의 나라 백제가 안라국을 공격한 것이 사실입니까?

성왕 사실입니다.

이대로 변호사 백제가 안라국을 공격한 이유는 무엇입니까?

성왕 안라국은 회의에서 의도적으로 우리 백제를 차별했습니다. 내가 보낸 사신이 안라 회의에 참석했지만 그는 새로 지은 높은 건물(高堂)에는 들어가지도 못했습니다. 낮은 관등의 관리를 보낸 신라도 안라국과 남부 가야 나라의 대표자들과 함께 건물 안에서 회의를 했는데 말입니다.

오진실 변호사 그런 것 때문에 안라국을 공격했다니 너무 심한 것 아닌가요?

판사 원고 측 변호인은 따로 신문의 기회를 드릴 터이니 증인의 얘기를 들었으면 합니다. 증인은 말씀을 계속하세요.

성왕 우리는 섬진강 하구까지 직접 통치하고 있었으므로 안라국을 공격하는 것은 어려운 일이 아니었습니다. 마침 고구려는 정변이 일어나 왕이 죽게 되었고, 왜국 또한 왕실에 심각한 사태가 발생하여 다른 지역에 신경을 쓸 겨를이 없었지요. 이 기회를 틈타 우리 백제는 섬진강을 건너 남강을 따라서 안라국까지 진군하여 안라국을 압박했습니다. 하지만 우리는 이들 나라를 완전히 멸망시키지 않고 독립은 인정해 주면서 간접적으로 다스렸습니다.

이대로 변호사 당시 가라국은 백제와 어떤 관계였습니까?

성왕 결혼 동맹이 깨진 후 가라국은 신라에게 크게 배신감을 느꼈습니다. 그리고 안라국이 그들의 권위를 위협하자 다시 우리 백제와 교류하기를 원했습니다. 그래서 저는 가라국에 선진 문물을 전수해 주었지요.

이대로 변호사 백제가 가라국에 선진 문물을 전해 준 증거가 남아 있습니까?

성왕 물론이지요. 고령읍 고아동에 있는 벽화 고분은 우리 백제에서 많이 만들어졌던 터널 모양의 **돌방무덤**이지요. 고분 내부에는 백제 벽화와 비슷한 연꽃 문양이 그려져 있습니다.

이대로 변호사 가라국이 적대적이었던 백제와 다시 교류를 했다니 놀랍군요. 참, 증인은 541년과 544년 두 차례 가야 여러 나라의 대표자를 **사비**로 불러서 회의를 개최했다는데, 그 이유는 무엇입니까?

성왕 ▶낙동강 동쪽 지역의 탁기탄국, 탁국 등이 신라에 흡수된 후, 532년에는 한때 가야 여러 나라의 맹주국이었던 가락국이 신라에 항복했습니다. 나는 신라가 이렇게 가야를 침공하는 것이 상당히 걱정스러웠습니다. 나로서는

돌방무덤
돌로 널을 안치하는 방을 만들고 그 위에 흙을 쌓아올려 봉토를 만든 무덤으로, 널길이 달려 있고 천장 구조가 다양합니다.

사비
사비는 백제 성왕 16년(538)에 국호를 남부여로 바꾸면서 웅진에서 천도한 백제의 수도입니다. 현재는 충청남도 부여군이고요.

교과서에는

▶ 가라국을 중심으로 한 후기 가야 연맹은 신라와 백제의 다툼 속에서 분열했습니다. 결국 가락국이 신라에 정복당했고, 가야의 남부 지역은 신라와 백제가 분할하여 점령했습니다.

상수위 고전해
상수위는 가야의 관직 이름입니다. 고전해는 기전해라고도 불리며 가야의 귀족이지요.

한기
가야의 여러 나라는 정치 지도자를 한기라고 불렀습니다.

가야가 독립하기를 바랐으니까요.

오진실 변호사　　이의 있습니다, 판사님. 증인은 마치 백제가 가야를 구원하려 했다는 듯 말하고 있습니다. 실제로는 백제도 가야를 점령하고자 하는 마음을 가지고 있었다고 봅니다.

판사　　이의를 기각합니다. 증인은 거짓말이 아니라면 자신의 처지에서 사건을 이야기할 수 있습니다. 이를 걸러 듣는 것은 나와 배심원의 몫이겠지요. 그렇지만 증인도 되도록 객관적으로 말씀해 주시기 바랍니다.

성왕　　가야에 약간의 영향력을 행사하고자 한 것은 사실입니다. 하지만 앞서 얘기했듯이, 우리는 가야의 독립을 유지해 주고자 했습니다. 반면, 신라는 가야의 영토를 모두 정복하고자 했지요. 스스로 항복한 것이든 아니면 힘이 약해서든 낙동강 유역의 탁기탄국, 탁국, 남가라국은 신라에 모두 정복되었습니다. 심지어 탁순국 왕은 스스로 신라에 항복해 버렸지요. 우리는 가야의 독립을 유지해 주고자 했는데, 이들은 스스로 신라에 나라를 갖다 바친 것입니다.

이대로 변호사　　정말 어이없는 결정을 내렸군요.

성왕　　백제로서는 참으로 안타까웠습니다. 그래서 가야 여러 나라 대표자들을 두 번에 걸쳐 우리 도성 사비에 소집한 것이지요. 회의에는 가라국의 **상수위 고전해**, 자타국의 **한기**, 사이기국 한기의 아들 등이 참석했습니다. 다른 나라들은 한기나 한기의 아들이 참석했는데, 역시 가야 지역을 대표하는 국가들인 가라국, 안라국, 다라국은 왕이나 왕자가 오지 않고 고위 관리를 파견했습니다.

이때 가야 지역의 대표자들과 함께 참석한 임나일본부 길비신(吉備臣)은 안라일본부 하내직(河內直)과 함께 왜왕이 파견한 왜의 사신인데, 나는 이들이 마음에 들지 않았습니다. 이들은 오로지 안라국 왕의 명령에 따라 안라국에 이로운 행동만을 하고 있었으니까요. 그래서 왜왕에게 이들을 왜에 소환하도록 명령했는데 왜왕은 나의 요청에도 별다른 조치를 취하지 않았습니다. 이들은 왜에서 왔지만 완전히 안라국 왕의 신하가 되어 버렸기 때문이지요.

이대로 변호사   증인이 사비 회의를 통해 얻고자 했던 것은 무엇입니까?

성왕   가야를 독립국으로 인정하되, 백제에 어느 정도는 종속되기를 바랐지요. 그런데 가야 여러 나라의 대표자들은 백제와 친선 관계를 맺으면 신라가 공격할 것을 우려했습니다. 그래서 나는 왜국과 긴밀하게 협조하고 있으며, 만일 신라가 쳐들어오면 반드시 구원해 줄 것이라고 말하고 귀한 물건들을 선물하며 후히 대접했지요.

이대로 변호사   진귀한 물건들을 주면서 신라를 두려워하는 그들을 안심시키고자 했군요.

성왕   그런데도 가야의 대표자들은 여전히 신라와 접촉했습니다. 3년 뒤에 다시 회의를 소집했을 때에도 여전히 가야의 대표자들은 나를 불신하는 태도를 보이면서 불안감을 갖고 있었지요.

이대로 변호사   뭔가 확실히 그들을 안심시킬 수 있는 다른 방법이 필요했을 것 같은데요?

성왕　　물론 그랬습니다. 나는 그들에게 세 가지 제안을 했습니다. 첫째는 가야 지역을 보호하기 위하여 신라와 안라국 국경 지대에 여섯 개의 성을 쌓고 그곳에 왜의 병사 3,000명과 백제 군을 함께 주둔시키며 그 비용은 우리가 대겠다는 것입니다. 가야의 대표자들은 이 견해에는 반대하지 않았습니다. 당연하죠. 자기네들을 위해 우리가 비용을 대며 신라의 공격을 막아 주겠다는 것이니까요. 둘째는 가야 지역에 백제의 군령과 성주를 두는 것입니다. 이는 고구려와 신라의 공격에 대비하여 가야를 지키려는 것이므로 철수시킬 수 없다고 못 박았습니다. 마지막으로 안라국에 와 있는 왜의 사신들은 신라에 빼앗긴 가야 지역을 회복하는 데 오히려 방해가 되기 때문에 왜국으로 돌려보내야 한다고 했습니다.

이대로 변호사　　들어 보니, 가야에 나쁠 것이 없는 조건들인데요?

성왕　　그러나 가야 대표자들의 생각은 그렇지 않았습니다. 그들은 우리 백제가 가야 지역에 군령과 성주를 설치하는 것은 자기네 영토를 침탈하려는 것이며, 왜의 사신들을 돌려보내라는 것은 안라국을 위해 일하는 사람들을 몰아냄으로써 백제가 가야를 완전히 장악하려는 의도라고 보았습니다. 그러고는 안라왕과 가라왕, 그리고 왜 사신의 대표 적신(的臣)과 의논한 후 내 제안에 답변하겠다고 했습니다. 이것은 곧 나의 제안을 거절한 것이지요.

이대로 변호사　　두 차례에 걸친 사비 회의가 큰 성과 없이 끝나고 말았군요.

성왕　　그렇지만 나는 내가 계획했던 것을 이루기 위해 가야 여러 나라에 중국의 선진 문물을 나누어 주고, 왜국에도 기술자와 학자 등을 파견했습니다. 왜에서도 답례로 말 70필과 배 10척을 보내 주었고, 548년 1월에는 왜의 병사들을 보내 줄 것도 약속했습니다.

그러자 안라국은 우리 백제와 왜의 연합군이 안라국의 주위에 주둔하게 되면 백제의 압력이 더욱 강해질 것이 염려되어 우리 몰래 고구려에 사신을 보내서 우리를 공격할 것을 요청했습니다. 결국 고구려는 군사 6,000명을 보내 우리의 독산성과 마진성을 공격했지요. 그러나 우리 군대와 신라의 구원군이 힘을 합쳐 고구려군을 물리칠 수 있었습니다.

이대로 변호사   고구려가 안라국의 요청으로 백제를 공격했다는 사실은 어떻게 알 수 있었나요?

성왕   전쟁에서 사로잡힌 고구려 측 포로가 "안라국 및 안라에 있는 왜의 사신이 백제의 처벌을 요청했기 때문에 이 전쟁이 발발했다"라고 실토했습니다. 그래서 나는 왜의 사신을 빨리 송환하라고 왜에게 말했지만 왜왕은 대답이 없었습니다. 나는 왜왕을 믿을 수 없었고, 그래서 그들이 보내 주겠다던 병사들도 올 필요가 없다고 했습니다. 이것을 눈치 챈 왜왕은 자신은 이 일에 연루되지 않았다고 변명하며 왜의 사신이 고구려에 그런 요청을 한 것이 사실인지 조사해 보겠다고 했습니다.

이대로 변호사   안라국으로서는 왜가 자기들을 지지할 것이라 믿었는데 오히려 백제 편을 들게 되자 더 이상 믿을 곳이 없어졌겠군요.

성왕   맞습니다. 그래서 541년부터 550년까지 약 10년 동안 가야의 여러 나라는 가라국과 안라국을 중심으로 남북으로 갈라진 힘을 하나로 모으려고 노력했지요. 밖으로는 백제, 신라, 왜, 고구려 사이에서 그들의 독립을 유지하기 위해 외교적인 노력을 한 것입니다. 이에 대응하여 나는 신라와 친선 관계를 유지하면서 선진 문물을 이용하여 가야의 여러 나라와 왜를 포섭하는 외교 전략을 썼지요. 결국 가야의 여러 나라는 서로 뭉치지 못하고 우리의 영향력 아래 들어오게 되었습니다.

판사 성왕은 마치 백제가 한 행동이 가야 여러 나라의 독립을 위한 것처럼 설명하고 있습니다만, 실은 백제도 신라와 마찬가지로 가야를 흡수하고자 한 것 아닙니까?

성왕 뭐, 이제 와 돌려 말할 필요는 없겠지요. 맞습니다. 사실 신라가 낙동강 유역의 가야 지역을 정복할 때 우리는 크게 우려했습니다. 겉으로는 신라와 친선 관계를 맺고 있지만 고구려의 위협만 없다면 언제든지 적으로 돌아설 수밖에 없었으니까요. 신라가 영토를 확장하면 그 세력이 강해지므로 우리에게 결코 좋은 일이 아니었습니다.

이대로 변호사 증인은 신라를 저지하고 싶었겠군요.

성왕 그래서 우리도 섬진강 유역을 확보하고 남강을 따라 가야 남부 지역을 우리의 영향력 아래 두려고 했습니다. 안라국을 중심으로 한 가야 남부 지역은 우리의 계획을 눈치 채고 독립을 유지하려고 노력했지만 우리가 수준 높은 문물을 전수해 주자 한 나라씩 이탈하여 우리 편이 되었습니다. 가라국을 중심으로 한 가야 북부 지역은 이미 신라와의 결혼 동맹이 결렬되면서 우리에게 기대지 않을 수 없는 처지였지요. 하지만 분명한 것은 신라는 가야를 정복하여 그 땅을 모두 자기네 영토로 만들었지만, 우리는 가야의 독립을 인정하면서 우리의 영향 아래 두려고 했다는 것입니다.

이대로 변호사　판사님, 보는 시각에 따라서 좀 차이가 있을지 모르겠지만 신라나 백제나 모두 가야 땅을 차지하려고 했던 점은 마찬가지라고 봅니다. 이런 점을 놓고 보면 왜 신라 진흥왕만 피고로 이 자리에 나와야 되는지 모르겠습니다. 백제도 침략국이니까 원고 측은 성왕도 피고로 세워야 하지 않을까요?

오진실 변호사　판사님, 피고 측 변호인은 증인의 일부 증언을 가지고 자신의 견해를 정당화하고 있습니다. 옛말에 **아전인수(我田引水)**란 말이 있는데 지금을 두고 하는 말이군요.

이대로 변호사　아닙니다. 판사님도 백제가 신라와 같이 가야를 정복하고자 했다는 것을 확인하셨을 겁니다.

판사　자자, 양측 변호인은 모두 자중해 주세요. 원고 측 변호인, 반대 신문 있습니까?

오진실 변호사　없습니다. 다만 증인의 솔직한 말을 들으니 당시 가야가 얼마나 어려운 처지에 놓이게 되었는지 실감이 가는군요.

판사　다른 질문 없으면 증인은 이제 들어가도 좋습니다.

아전인수
제 논에 물 대기라는 뜻으로, 자기에게만 이로운 방향으로 생각하거나 행동하는 것을 뜻하지요.

3 관산성 전투가 정말 가야를 멸망의 길로 이끌었을까?

판사　　그럼 이제 가야의 멸망 과정에 대해 이야기해 봅시다. 이 부분에서 특히 원고 측이 할 말이 많을 텐데요.

오진실 변호사　　그렇습니다. 가야는 562년에 너무나 허무하게 멸망했어요. 원고 월광 태자에게 가야의 마지막 모습에 대해서 질문하겠습니다. 가라국은 장군 이사부와 화랑 사다함이 이끄는 신라군의 습격에 제대로 저항도 못하고 무너져 버렸는데요. 그 한 번의 공격만으로 멸망해 버릴 만큼 가라국은 약했었나요?

월광 태자　　가라국의 군사력이 이미 회복하기 어려울 정도로 약해져 있었던 게 사실입니다. 가라국을 비롯한 가야 여러 나라의 군사들이 백제가 신라와 전쟁을 치르는 데 동원된 것입니다. 신라군이 침입하기 이전에 이미 큰 전쟁을 치른 것이지요. ▶처음에 백제는 신라와 연합하여 고구려로부터 잃었던 한강 하류 지역을 되찾았습니다. 그런데 553년, 신라는 백제가 빼앗은 한강 하류 지역을 기습하여 도로 빼앗았지요. 백제의 성왕은 즉시 신라에 대한 보복에 나섰는데 우리 가야는 나라의 거의 모든 병력을 이곳에 동원했어요. 이 전쟁이 바로 554년에 벌어진 관산성 전투입니다. 이 전쟁으로 우리 가야는 백제보다도 피해가 컸습니다.

오진실 변호사 가야가 쉽게 회복하기는 어려웠겠군요. 그 뒤 신라는 가야에 어떤 태도를 보였습니까?

월광 태자 신라는 이미 많은 군사를 잃어 방어력을 거의 상실한 가야 여러 나라를 병합하기 시작했지요. 우리 가라국과 함께 가야를 이끌어 나갔던 남쪽의 안라국이 560년에 결국 멸망했습니다. 신라 왕의 협박에 별다른 저항도 못해 보고 항복해 버린 것이지요. 우리 가라국은 마지막까지 백제에 의지하면서 신라에 저항하려 했지만, 진흥왕은 561년에 창녕으로 많은 신하를 거느리고 와서 기념비를 세우며 가야를 위협했습니다.

오진실 변호사 기념비라면 진흥왕이 국토 확장을 목적으로 세운 **척경비**를 말하는 것이지요?

월광 태자 맞습니다. ▶▶그리고는 562년 마침내 어린 화랑 사다함이 거느린 신라군 5,000명이 우리 가라국을 습격했습니다. 너무나 갑작스러운 기습이라 우리 군사들이 우

이사부
이사부는 신라 지증왕·법흥왕·진흥왕 때 활약한 장군입니다. 거칠부와 함께 진흥왕을 도와 영토 확장, 특히 한강 유역을 점령하는 데에 큰 공을 세웠지요.

사다함
사다함은 신라 진흥왕 때의 화랑입니다. 가락국을 정벌할 때 사다함의 나이는 15~16세였다고 해요.

척경비
임금이 살피며 돌아다닌 곳을 기념하기 위하여 세운 비석을 순수비라 하는데, 신라 진흥왕의 순수비인 창녕 진흥왕 척경비가 대표적입니다.

교과서에는

▶ 백제 성왕은 고구려의 내정이 불안할 때 그 틈을 타서 신라와 힘을 합쳤습니다. 신라와의 연합으로 백제는 한강 유역을 일시적으로 차지할 수 있었지만 곧 신라에게 땅을 빼앗기고 말았지요. 이후 성왕은 신라를 공격하다가 관산성에서 전사했습니다.

▶▶ 562년에 가라국이 신라의 진흥왕에 의해 멸망했습니다. 이로써 가야 연맹은 완전히 해체되고 말았습니다.

경상남도 창녕에 있는 진흥왕 척경비

왕좌왕하는 사이에 도성의 성문이 뚫려 버렸습니다. 사다함의 선봉군도 막기 어려웠는데 뒤이어 신라의 이찬 이사부가 거느린 주력군이 쳐들어왔습니다. 우리 군사들은 대군을 맞아 힘껏 싸웠으나 결국 항복할 수밖에 없었습니다.

그런데 신라군은 이전 관산성 전투에서의 앙금이 남았는지 항복하는 가라국 사람들을 무자비하게 살육했습니다. 나는 우리 백성이 비참하게 죽어 가는 것을 보면서도 아무것도 할 수 없는 내 처지가 원망스러웠지요. 그리고 이 모든 사태를 일으킨 원흉인 진흥왕이 죽이고 싶을 만큼 미웠습니다.

오진실 변호사　　가라국은 그렇게 신라에 멸망했군요. 남은 가야 나라들은 어떻게 되었습니까?

월광 태자　　그들도 이미 주력군을 대부분 관산성 전투에서 잃었기 때문에 가라국이 망한 후 전투다운 전투 한 번 치러 보지도 못한 채 신라에 항복하고 말았습니다.

오진실 변호사　　결국 가야는 백제와 연합해서 신라와 싸웠던 관산성 전투에서 치명적인 타격을 입었다고 할 수 있겠네요.

월광 태자　　사실 그 전쟁에서의 패배가 가야의 운명을 결정지었다고 할 수 있습니다. 그렇지만 백제를 원망할 수는 없어요. 우리 가야의 선택이었으니까요.

오진실 변호사   판사님, 가야의 멸망에 대한 원고의 증언은 여기까지로 하고, 가야를 멸망시키는 데 가장 결정적인 역할을 한 피고 진흥왕을 증인으로 불러 주시기 바랍니다.

오진실 변호사는 몇 가지 서류를 들고 증인석 앞으로 다가갔다.

오진실 변호사   피고 진흥왕에게 묻겠습니다. 지금 원고 월광 태자의 증언이 다 사실입니까?

진흥왕   내가 가야를 멸망시킨 것은 사실입니다. 그런데 나라와 나라 사이에 전쟁이 끊임없이 일어나던 시대에 약한 나라가 하나 멸망했기로서니 그게 큰 문제가 되나요?

오진실 변호사   아무리 시대 상황이 그렇다 하더라도 전쟁까지는 생각도 못한 가야를 쑥밭으로 만들어 버리고 급기야 멸망시킨 피고의 행동이 올바르다는 것입니까?

이대로 변호사   힘 있는 나라가 힘 없는 나라를 멸망시킨 것이 어디이 일뿐입니까? 정복 전쟁이 활발하던 당시에는 흔한 일이었습니다. 그러니까 올바르지 않다고 단정 지어 말할 수도 없지요.

오진실 변호사   하지만 불시에 습격하여 나라를 멸망시키고 그것도 모자라 어른 아이 가릴 것 없이 마구 죽인 신라군의 행위는 참으로 잔인하기 이를 데 없습니다. 게다가 피고 진흥왕은 불교를 숭상하던 왕이었습니다. 불교에서는 '자비'를 가르치는데, 도대체 가야의 사람들을 무참히 죽인 피고가 불교를 믿는다고 말할 자격이 있습니까?

진흥왕   나는 가야 사람들을 마구 죽이라고 명령하지 않았습니다. 가야 사람들이 심하게 저항하자 아마도 우리 측 총사령관인 이사부 장군이 본보기 차원에서 몇 사람의 목을 벤 것이겠지요.

오진실 변호사   또 피고는 선대의 내물왕이 고구려의 힘을 빌려 가야를 공격한 것을 모른다고 하진 않을 텐데요. 만약 가야가 광개토 대왕의 공격을 받지 않았대도 신라가 가야를 멸망시킬 수 있었을까요? 가야가 신라보다 우월한 군사력과 경제력을 바탕으로 한반도 남부 지방의 지배자로 등장하지는 않았을까요? 역사에 '만약'이라는 가정은 있을 수 없지만 말입니다.

진흥왕   우리 신라는 한반도 동쪽에 외따로 떨어져 선진 문물의
혜택을 많이 받지 못했습니다. 그 때문에 고구려, 백제보다 발전이
조금 늦었지요. 그래서 내물왕께서는 국가 발전을 위해 가야와 경쟁
하고, 왜를 끌어들인 가야를 물리치기 위해 고구려의 힘을 빌렸지
요. 그렇지만 내내 그랬던 것은 아닙니다. 그 뒤의 왕들은 고구려의
영향력으로부터 독립하려고 애쓰면서 인근 소국들을 정복해 나가면
서 힘을 길렀어요. 가야 역시 우리의 인근 소국 가운데 하나였던 것
뿐이지요. 내가 생각하건대 가야는 결코 신라를 이길 수 없었습니
다. 왜냐하면 고구려의 공격을 받지 않았다 하더라도 가야는 통일을
이루지 못했을 것이기 때문입니다.

오진실 변호사   이의 있습니다, 판사님. 피고는 근거도 없이 단정
지어 말하고 있습니다.

진흥왕   그 이유를 말씀드릴까요? 가야의 여러 나라는 신라와 입
지 조건이 달랐습니다. 가야는 골짜기가 많은 지형으로 여러 나라의
힘이 서로 비슷했습니다. 당시 국가들은 한쪽이 힘이 세면 다른 쪽
을 무력으로 제압하여 흡수해 버렸어요. 그런데 가야 중 가장 강한
나라였던 김해의 가락국도 다른 나라를 정복하지 못했어요. 항상 가
야는 서로 힘의 균형을 이루고 있었지요.

오진실 변호사   판사님, 가야 여러 나라가 힘의 균형을 이루고 있었
다고 하여 통일을 이루지 못했을 거라는 주장은 근거가 부족합니다.
피고의 주장을 제고해 주시기 바랍니다.

판사   피고, 그렇게 생각하는 또 다른 이유가 있습니까?

진흥왕　물론이지요. 가야는 국제 교역이 매우 유리한 위치에 있는 터라 그들의 문화를 발전시킬 수 있었는데, 한반도의 북쪽에 있던 한 군현이 고구려에 의해 멸망하자 선진 문물을 받아들일 수 있는 곳이 없어지게 되었습니다. 그렇게 되자 가야는 선진 문물을 얻기 위하여 백제에 의존할 수밖에 없었습니다.

　원래 가야의 힘은 철 생산 능력에서 나왔습니다. 가야는 일찍부터 풍부한 철광산을 소유하고 이를 개발하여, 철을 팔아 낙랑이나 백제의 선진 문물을 구해 올 수 있었지요. 또 왜국에 비해 철 자원 및 철기 제작 기술이 우월했으므로 그들을 조종할 수 있었습니다. 그런데 광개토 대왕의 공격 이후 많은 기술자가 왜로 건너갔고, 이들에 의해 왜에서도 차츰 철광산을 개발하기 시작했습니다. 게다가 가야보다 훨씬 선진 문물을 많이, 그리고 빨리 보내 줄 수 있는 백제가 왜국과 직접 교류하면서 왜국에 대한 가야의 우월성이 사라져 버렸어요. 그렇게 되면서 가야는 국제 관계에서도 더 이상 우월한 위치를 차지할 수 없게 되었던 것입니다.

　오진실 변호사는 피고의 발언에 약간 당황하여 준비해 온 서류들을 빠르게 넘겨 보았다.

진흥왕　마지막으로 가야는 주변의 백제나 우리 신라가 중앙 집권 체제를 이루는 동안 그렇게 하지 못했습니다. 물론 고구려가 가야를 공격한 것이 크게 영향을 준 것은 사실입니다. 하지만 만약 가야가 중앙 집권 체제를 갖추고 있었다면 그런 타격을 받아도 다시 일어설 수 있었을 것입니다.

판사　중앙 집권 체제가 매우 중요한 것이군요.

진흥왕　백제만 보더라도 개로왕 때 고구려 장수왕의 공격으로 나라가 거의 멸망할 위기에 처했지만 중앙 집권 체제가 이루어져 있었기 때문에 비교적 빨리 회복했지요. 그래서 무령왕 때가 되면 이전의 국력을 거의 되찾게 되었지요. 중앙 집권 체제가 갖추어지면 나라의 운명을 결정할 중요한 시점에 빨리 대처해 나갈 수가 있지요.

그런데 가야처럼 뿔뿔이 흩어져 있으면 외부로부터 어려움이 닥쳐도 하나로 뭉치지 못하고 신속하게 대처할 수 없습니다. 결국 가야는 마지막까지 통일되지 못한 상태로 백제와 우리 신라처럼 중앙 집권의 힘을 가지고 있던 나라들에 맞섰던 것입니다. 그 결과가 바로 나라의 멸망을 가져온 것 아닙니까?

오진실 변호사　여러분, 지금 피고의 말을 들어 보면 알 수 있듯이 피고는 오로지 자기 나라의 번영을 위하여 주변 국가들을 철저히 배신하고 그들의 신의를 짓밟으면서 다른 나라 백성의 고통은 아랑곳하지 않았습니다. 그 결과 자신은 신라의 번영을 이룩한 위대한 군주로 칭송받았지요. 하지만 그 이면에는 침략을 당한 다른 나라 백성뿐만 아니라, 전쟁을 위하여 동원된 자기 나라 백성의 희생도 숨어 있습니다. 진흥왕은 죽고 죽이는 전쟁을 좋아하면서도 자비를 중요시한 불교를 적극적으로 지원한 왕이었습니다. 참 아이러니하군요.

존경하는 판사님과 배심원 여러분, 현명한 판결을 부탁하며 제 변론은 이것으로 마치겠습니다.

판사　피고 측 변호인, 더 할 말 있습니까?

이대로 변호사　역사는 힘 있는 자들의 것입니다. 어느 나라든 힘이 약해 멸망했다면 그건 변명의 여지가 없습니다. 신라는 약한 나라였지만 힘을 길러 오랫동안 역사의 무대에서 살아남았습니다. 그것이 신라와 가야의 결정적인 차이였습니다. 이상입니다.

판사　그럼 오늘 재판은 이쯤에서 마치도록 하겠습니다. 잠시 후 원고와 피고의 최후 진술을 듣도록 하겠습니다. 세 번째 재판을 마칩니다.

땅, 땅, 땅!

가야의 불교 전래

고대 사회에서 불교의 도입은 매우 의미가 컸습니다. 불교는 국민의 정신적 통일을 꾀할 수 있고, 왕실과 국가 기반을 다져 중앙 집권 국가를 이루는 데 중요한 역할을 했으니까요. 삼국의 경우 불교를 받아들일 때 사찰을 함께 세웠습니다. 가야에서는 제8대 질지왕 2년(452)에 이르러서야 처음으로 왕후사(王后寺)라는 절을 세웠다는 기록이 나오는데요. 가야에 불교가 들어온 시기를 이때로 짐작하고 있습니다. 가야에 불교가 전래되었다는 사실을 알려 주는 대표적인 유물은 고아동 벽화 고분입니다. 이 고분에는 연꽃 문양이 그려져 있는데 돌방 입구에 좌우로 10여 개가 남아 있습니다. 무덤에 연꽃 문양을 그렸다는 것으로 이 고분의 주인공이 극락왕생하기를 기원하는 가라국 사람들의 불교적 내세관을 엿볼 수 있습니다.

가야에는 거덕사(합천군 가야면)와 월광사(합천군 야로면) 같은 사찰도 있었습니다. 거덕사는 고령 가라국의 월광 태자가 승려가 된 곳이라고 하며, 월광사는 월광 태자가 창건했다고 전합니다. 월광 태자는 나라가 망하는 비운을 당하여 불교에 귀의한 것으로 생각됩니다.

왜 가야는 하나로 통일되지 못했을까?

다알지 기자

　　시청자 여러분, 안녕하세요. 법정 뉴스의
다알지 기자입니다. 오늘 월광 태자와 진흥왕
의 세 번째 재판이 모두 끝났습니다. 마지막 재판이
어선지 다른 때보다 많은 사람이 모여 열띤 공방을 관심 있게 지켜보
았습니다. 오늘 재판에서는 가야가 멸망하기 이전의 정치 상황과 국제
관계를 살펴보면서 과연 원고의 주장대로 신라의 공격으로 가야가 멸
망한 것인지에 대한 논박이 펼쳐졌습니다. 마지막 재판인 만큼 오늘은
원고인 월광 태자와 피고인 진흥왕을 직접 만나 보도록 하겠습니다.
이제 원고와 피고는 최후 진술만 남겨 놓은 상태인데, 최후 진술에 임
하는 각오와 지금까지의 재판 과정에 대한 소감을 한 말씀씩 해 주시
기 바랍니다.

월광 태자

우리 가야가 멸망한 원인은 사실 한 가지로 딱 잘라 말하기는 힘들겠지요. 재판 과정을 지켜봐서 아시겠지만 신라는 결혼 동맹을 통해 가야를 지배하려고 계략을 짰고, 백제는 또 백제대로 회의를 소집해서 가야에 영향력을 행사하려고 했으니까요. 하지만 가장 결정적인 이유를 대자면 역시 진흥왕의 공격 때문이라 할 수 있지요. 신라는 관산성 전투로 이미 쇠약해진 가야 군대를 무자비하게 공격했고 결국 가야는 멸망하고 말았으니까요. 그때 희생된 우리 가야 백성들을 떠올리면 왜 내가 이제야 소송을 제기했는지 한스러울 따름입니다.

진흥왕

눈에 보이는 결과만 보고 말하자면 신라의 공격으로 가야가 멸망한 것은 사실이오. 그러나 신라의 공격이 아니었어도 가야는 신라만큼 강한 나라로 발전하지 못했을 거요. 우선 가야는 하나의 통일된 나라가 아닌 연맹 왕국이었소. 여러 나라의 힘이 비슷비슷해서 신라처럼 강력한 중앙 집권 국가를 이루지 못했던 거요. 게다가 당시 가야는 국제 관계에서도 더 이상 우월한 위치에 있지 않았소. 백제는 가야보다 더 많은 선진 문물을 왜에 보내줄 수 있었고, 왜는 차츰 스스로 철광석을 개발하기 시작했소. 나라와 백성을 잃은 월광 태자의 심정을 이해 못하는 것은 아니나, 나에게만 가야 멸망의 책임을 지우는 것은 말이 안 된다고 생각하오.

가야의 역사와 문화유산을 기억해 주세요
vs
가야 정복은 신라의 발전을 위한 일이었지요

판사 자, 마지막으로 당사자들의 목소리를 들어 볼까요? 배심원단은 물론이고 본 재판의 판결에 영향을 미치게 될 발언이므로 원고와 피고는 신중하게 발언해 주세요. 그럼 먼저 원고 측부터 말씀해 주시지요.

월광 태자 그동안 세 차례에 걸친 재판에서 나의 변호인은 나를 위하여, 아니 우리 가야를 위하여 침착하고도 자신 있게 역사적 사실들을 밝혀내 주셨습니다. 훌륭히 변론해 주신 점, 대단히 고맙게 생각합니다.

나는 내가 태어난 가라국이 신라에 의해 멸망하는 현장에 있었습니다. 성문이 부서지고, 사람들은 더 이상 도망갈 곳도 없는 성안에서 이리저리 헤매고 다녔습니다. 성안으로 물밀듯이 밀려들어 온 신라군은 칼과 창으로 눈에 보이는 대로 우리 백성을 마구 찔러 죽였지요. 죽은 엄마 곁에서 애처롭게 우는 아이의 울음소리도 들렸습니다. 눈 뜨고 볼 수 없는 비참한 광경이었지요. 가야에게는 더 이상 내일이 없다는 절망감이 나를 덮쳐 왔고 난 그 길로 성을 넘어 도망쳤습니다. 내 한 몸 살자고……. 한 나라의 태자가 말입니다. 그때 나는 나의 백성과 함께 죽었어야 했습니다.

살아남았다는 부끄러움과 회한 때문에 나는 불교에 이 한 몸 의지하고자 지금의 합천 해인사가 있는 가야산의 한 사찰인 거덕사에서 머리를 깎았습니다. 나라가 망하고 따르는 백성도 없어지자 나는 아무것도 가진 것이 없게 되었지요. 어린 시절의 일이 떠올랐습니다. 어릴 때부터 나는 신라에서 온 어머니 때문에 주위의 질시를 받았습니다. 어머니는 언제나 나를 감싸 주었지만 나를 대하는 왕실 일가 친척들의 차가운 눈초리 때문에 늘 불안했습니다. 그 무렵 조정에서는 주변 강대국들의 위협으로 나라의 장래를 걱정하는 회의가 일상적으로 열렸지요. 이처럼 나는 끊임없는 불안감과 긴장 속에서 어린 시절을 지내야 했습니다.

청년이 되고 나서는 신라와 친하게 지내려고 했던 사람들의 탈출을 지켜보아야 했습니다. 나에게 음악을 들려주던 악사 우륵마저 그들과 함께 신라로 가 버린 것입니다. 나 자신은 언제나 혼자였지만 내게는 지켜야 할 나의 백성이 있었습니다. 그것이 내가 이 세상에 태어난 이유였고 의무였지요. 그러나 나는 그들을 지키지 못했고 결국은 혼자 남았습니다. 지나온 세월을 돌아보면 후회할 일들만 남아 있었으나 나는 부질없는 것들이라 생각하고 열심히 불도를 닦으며 수행했습니다.

오랜 수행을 한 끝에, 나는 이 세상에 대한 미련이나 원망도 무언가를 갖겠다는 인간의 욕심이 빚어내는 것에 불과하다는 것을 깨달았습니다. 삶의 이치를 깨닫고 보니 우리 가야를 멸망시키고 많은 사람을 희생시킨 진흥왕을 미워하는 감정도 사라졌지요.

다만 나는 이 재판을 통해 진흥왕이 무자비하게 살육했던 수많은 사람에게 사죄하는 마음을 갖기를 원합니다. 또 그가 멸망시켰던, 그 때문에 역사의 패자로서 제대로 된 역사 기록도 남기지 못한 가야를 많은 사람이 알아주었으면 하는 바람도 있습니다. 나는 끝내 나의 백성을 지켜 주지 못했지만 지금 이 땅을 살아가는 사람들이 500년 이상 이어져 온 가야 사람들의 웃고 울고 떠들며 즐기던 일상의 모습들과 고귀한 문화유산들을 잊지 말고 기억해 주기를 진심으로 바랍니다.

판사 잘 들었습니다. 그럼, 피고의 최후 진술을 듣겠습니다.

진흥왕 나는 신라의 발전을 위하여 열심히 노력했습니다. 나의 큰아버지 법흥왕은 율령을 반포하여 나라의 법질서를 세우고, 불교를 받아들여 나라의 종교를 하나로 모으려고 했습니다. 이처럼 선대 왕들은 튼튼하게 뿌리 내린 나라를 내게 물려주었습니다. 나는 선대 왕들로부터 받은 이 유산을 더욱더 발전시킬 의무가 있었습니다.

그래서 튼튼해진 국력을 바탕으로 하여 고구려, 백제, 가야를 공격했습니다. 오래전 고구려나 백제에게 구걸하다시피 부탁하여 그들의 사신이 중국에 갈 때 우리 신라의 사신을 딸려 보내던 시절의

신라는 더 이상 아니었습니다. 고구려를 공격하여 함경도 지방까지 신라의 영토로 만들고, 백제를 공격하여 한강 유역을 완전히 차지함으로써 중국과의 교류를 더욱 편리하게 했지요. 또 남쪽의 가야를 완전히 우리 손에 넣음으로써 풍부한 농산물과 철제품들을 확보하게 되었습니다.

가야를 정복한 것은 이처럼 우리 신라가 발전하는 데 하나의 디딤돌 역할을 하는 것이었습니다. 나라를 더욱 부강하게 하는 데는 이러한 과정이 반드시 필요하지요.

물론 이 과정에서 다소간의 희생은 따릅니다. 우리 신라가 발전하는 데 백제나 가야 사람들이 많이 희생되었다는 것을 부정하진 않습니다. 그 점은 좀 미안한 마음이 듭니다. 그래서 나도 노년에는 머리를 깎고 승복을 입었습니다. 법명(法名)도 '법운'이라고 지었지요. 내 재임 기간에 많은 정복 활동으로 희생시킨 우리 군사들과 그들 손에 죽은 많은 사람의 영혼을 위로해 주었습니다.

이제 지나간 역사에 대한 분노와 슬픔은 모두 훌훌 털어 버립시다. 가야의 멸망도 결국은 시대의 희생양이라 생각하고 신라에 대한 미운 감정도 이제는 버려야 할 때가 아닌가 생각합니다.

존경하는 판사님, 그리고 배심원 여러분. 부디 올바른 평가를 내려 주시기를 부탁드립니다. 감사합니다.

판사   지금까지 세 차례에 걸쳐 원고와 피고 측, 그리고 증인들의 진술을 잘 들어 보았습니다. 이번 재판에 함께 해 주신 배심원의 판결서는 4주 후 나에게 전달될 예정입니다. 배심원의 판결 결과는 공개되지 않으며, 법관의 판결은 배심원의 의견에 구속되지 않습니다. 즉, 배심원의 의견은 참고 사항일 뿐 이를 법관이 절대적으로 따라야 하는 것은 아니라는 것입니다. 그래서 나는 단지 배심원의 판결서를 참고하여 판결을 내리고, 판결서를 공개하겠습니다, 그때까지 여러분도 이 사건에 대해 각자 바른 판결을 내려 보시기를 바랍니다.

땅, 땅, 땅!

역사공화국 한국사법정 재판 번호 04 월광 태자 vs 진흥왕

주문

역사공화국 한국사법정은 원고 월광 태자가 피고 진흥왕을 상대로 제기한 명예 훼손에 의한 정신적 손해 배상 청구를 인정한다.

판결 이유

먼저 본인을 비롯한 대다수의 한국인들이 신라가 가야를 멸망시켰다는 역사적 사실 때문에 원래부터 신라는 강한 나라였고 가야는 그에 비해 국력이 약한 나라였다는 고정관념을 가지고 있었다는 점을 고백하지 않을 수 없다. 물론 신라는 삼국을 통일한 역량을 가진 나라였으나, 가야도 한때 그에 못지않은 국력을 가졌음을 인정한다.

다만, 이 재판에 나온 증거와 증언, 변론을 종합해 볼 때, 가야가 자체적으로 통일을 이루기 어려운 상황이었고, 대외 교역에 지나치게 의존했다는 문제 등은 사실로 인정된다. 하지만 그럼에도 신라에 멸망했다는 이유만으로, 가야 역사의 많은 부분이 거의 전해지지 않는다. 그나마 남아 있는 내용도 신라의 역사 속에서 변방의 작은 사건처럼 축소되어 가야가 원래부터 신라보다 약한 나라였던 것처럼 왜곡된 것은 바로잡아야 한다고 판단된다.

    또한 최근에 옛 가야 지역에 대한 활발한 고고학적 발굴 조사 성과가 쏟아져 나오고 있음에도 여전히 교과서에서조차 불과 한 장 정도로 가야사를 다룰 만큼 소홀히 취급하는 것은 가야의 명예를 훼손하는 것이라고 충분히 인정되는 바이다.

    다만 본 법정은 피고와 그의 나라인 신라에 죄를 추궁하기보다는 원고 월광 태자와 가야의 억울함을 풀어 주는 것에 이 재판의 의의를 두고자 한다. 따라서 독자들은 월광 태자의 나라 가야가 한때 한국 고대사의 당당한 주역으로 중국과 일본 등 동북아시아 여러 나라를 잇는 가교 역할을 했다는 사실을 기억해 주기 바란다.

                              역사공화국 한국사법정 담당 판사 정역사

"가야의 역사가 제자리를
찾을 수 있어서 기쁩니다"

여기는 역사공화국 외곽에 있는 오진실 변호사의 사무실. 여러 사람이 모여 시끌벅적한 이유는 오늘 조촐한 파티가 예정되어 있기 때문이다. 오진실 변호사가 이야기를 시작했다.

"즐거운 모임에 참석해 주셔서 감사합니다. 오늘 이렇게 여러분을 모신 이유는 얼마 전 열린 재판에 대한 이야기도 나누고, 또 월광 태자님께서 조만간 참선 수행을 위해 합천에 있는 가야산에 들어가셔서 한동안은 여러분과 만나지 못할 것 같아 함께 인사라도 나누기 위해서입니다. 태자님, 오늘도 참 달이 밝군요. 이렇게 많은 분이 모이셨는데, 소감 한 말씀 해 주시지요?"

월광 태자는 오진실 변호사에게 합장하고 좌우를 둘러보며 말했다.

"이런 자리를 마련해 주셔서 정말 고맙습니다. 사실 이번 재판은 내게 특별한 경험이었습니다. 오진실 변호사와 같은 훌륭한 변호사를 만나서 우리 가야를 많은 사람에게 알리게 된 것은 내게 커다란 기쁨이었습니다. 또 그동안 성함만 들어 왔던 수로왕, 이시품왕 마마를 만나 뵐 수 있어 참으로 행복했습니다. 오늘 또 뵐 수 있을까 내심 기대했는데 오시지 않아 조금 아쉽네요.

하지만 가야를 위하여 증언해 주셨던 우륵 선생님, 가락국의 갑우내 씨는 다시 뵙게 되어 정말 반갑습니다. 성왕께서도 친히 자리해 주셨군요. 아드님인 위덕왕과 함께 오시다니 참 보기 좋습니다. 그리고 후기 가야 역사의 주역이셨던 탁순국의 아리사등왕께서도 참석해 주시다니……. 오, 임나일본부 길비신 님도 오셨군요. 모두 모두 와 주셔서 감사드립니다. 나는 이번 재판을 통해서 비록 오랜 세월이 지났지만 이제라도 우리 가야의 역사가 온전하게 제자리를 찾을 수 있어서 참으로 감사하게 생각합니다.”

월광 태자가 말을 마치자, 모두 다과를 들면서 서로 수고가 많았다는 인사를 나누었다. 이때 성왕이 사람들을 향해 말했다.

“지난 재판 때 내가 일본부들에게 좀 심하게 말했다 싶어 사과도 할 겸 오늘 이 자리에 함께 불렀어요. 어쨌든 이분들도 가야와는 밀접한 관계가 있는 분들이니까요. 일본부 여러분께서도 뭔가 할 얘기가 있으시죠?”

하내직이 성왕의 말에 답했다.

“여러분도 잘 아시겠지만 우리는 모두 원래 가야인의 후손들입니다. 옆에 계시는 임나일본부 길비신 님은 길비 지방, 일본부경 적신

님은 북구주 지방, 그리고 나는 하내 지방에 정착했는데 물론 우리는
왜왕의 명령에 따라 가야로 오게 되었지요. 하지만 그 후에는 왜왕의
명령 없이 우리 스스로 안라국 왕의 명령에 따라 움직였어요."

　세월이 지나고 모두 이 자리에서 만나니 마음속에 있던 얘기들이
허물없이 오갔다. 그런데 갑자기 일본부 적신이 오진실 변호사에게
부탁할 말이 있다면서 말을 꺼냈다.

　"오진실 변호사, 우리 일본부들은 반드시 풀어야 할 숙제가 하나

있습니다."

"그게 무엇인가요?"

오진실 변호사가 찻잔을 내려놓고 궁금한 듯 물었다.

"그건 우리 일본부들의 정체를 모든 사람에게 알리는 일입니다. 쓰에마츠 야스카즈(末松保和)를 비롯한 일본 역사학자들은 우리 일본부의 정체가 '고대에 왜가 한반도 남부를 지배하기 위해 만든 기관'이라는 망언을 하고 다니는데, 그들을 상대로 소송을 제기했으면 좋겠습니다. '일본부'는 왜가 가야에 외교 사절로 파견한 우리 같은 사신을 말하는 것입니다. 그게 가야를 지배하는 관청이었다고 떠들고 다니고 있으니⋯⋯."

그때 성급하게 문 두드리는 소리와 함께 옆 건물에 있는 김딴지 변호사가 안으로 들어섰다. 그러고는 오진실 변호사에게 눈을 살짝 흘기며 말했다.

"오 변호사, 그러기에 나처럼 역사 공부를 좀 열심히 하지 그랬어? 원래 임나일본부가 한반도 남부를 지배하는 관청이었다는 학설은 일본이 조선을 침탈하고 나서 식민지 지배를 합리화하기 위해 일본 역사학자들이 만들어 낸 거잖아. 마치 고대부터 일본이 조선을 지배했던 것처럼 꾸미려고 말이야. 그런데 이 잘못된 학설을 아직도 일본의 우익 세력들은 마치 진실인 양 그들의 어린 학생들에게 가르치고 있다는 게 큰 문제 아니겠어? 하지만 더 나쁜 것은 우린 거지. 한국에서는 교과서에서조차 임나일본부의 내용을 가르치고 있지 않아서 학생들이 학교를 졸업하고 나서 임나일본부라는 용어를 듣게 된다 해도 그게 도대체 무엇인지 전혀 모르잖아? 이렇게 역사 교육이 제대로 되지 않다가 세월이 더 지나면 어떤 일이 벌어지게 될지…… 참 답답하다."

"아이고, 역사학자 나셨네. 김딴지 변호사, 벼락치기 공부 좀 했나 보지?"

오진실 변호사는 김딴지 변호사의 콧대를 꺾어 주기 위해서라도 일본부 적신의 소송 의뢰를 받아들여 진실을 밝혀야겠다고 생각했다.

"좋습니다. 제가 이 사건을 맡아 보겠습니다. 잘만 하면 한국과 일본의 해묵은 갈등을 풀 수 있을 것도 같네요."

오진실 변호사의 말에 다들 박수로 화답했다. 이 자리에 모인 사람들 모두 역사의 진실을 많은 사람에게 알리고 싶어 했기 때문이었다.

한번 흘러간 시간은 되돌릴 수 없다. 인간이 지나왔던 시간이 항상 정의로웠던 것도 아니다. 그러나 역사의 법정에서는 그 지나간 시간을 오늘날의 시선으로 냉정하고 진실하게 바라볼 수 있다. 오진실 변호사는 바로 자신이 이러한 성스러운 일들을 해내고 있다는 자부심에 뿌듯했다. 달빛이 은은히 비추는 오진실 변호사 사무실의 조촐한 파티는 분위기가 점점 무르익어 갔다.

고령의 대가야박물관

대가야박물관 중 대가야역사관

대가야는 42년에 세워졌고, 562년에 신라 진흥왕에 의해 멸망한 나라입니다. 하지만 대가야는 500년 넘게 성장 발전한 나라였고, 16명의 왕이 있었던 역사 깊은 나라라고 전해지지요. 대가야는 고령 지방에 있었는데, 고령의 대가야는 경상도 내륙의 농사를 짓기 좋은 곳에 있었을 뿐 아니라 질 좋은 철이 많이 생산되는 곳에 자리 잡아 철기 문화를 바탕으로 급속히 성장하고 있었습니다. 이러한 대가야의 유물과 역사를 담은 곳이 경북 고령에 있습니다. 바로 '대가야박물관'이죠.

대가야박물관은 대가야왕릉전시관, 대가야역사관, 우륵박물관으로 구성되어 있습니다. '대가야역사관'은 대가야의 역사를 중심으로 고령 지역의 역사를 한눈에 알 수 있도록 전시해 놓은 '상설전시실'과 '기획전시실', '야외전시장'으로 이루어져 있습니다. 특히 야외전시장에서는 대가야 시대에 살았을 것으로 추정되는 움집과 창고가 복원되어 있어 실제로 살펴볼 수 있지요.

'대가야왕릉전시관'은 대가야역사관 바로 옆에 있는데, 국내 최초로 확인된 대규모 순장무덤의 원래 모습을 재현한 것이 특징입니다. 관람객들은 실물 크기로 만든 무덤 속에 직접 들어가 내부를 볼 수 있습니다.

그뿐만 아니라 대가야박물관은 '우륵박물관'도 포함하고 있는데, 가야금을 만든 악사 우륵에 관한 자료를 전시하고 있지요. 또한 이곳에서 관람객들은 우리 민족 고유의 악기인 가야금을 직접, 간접적으로 체험할 수 있습니다.

찾아가기 주소 대가야역사관, 왕릉전시관: 경북 고령군 고령읍 대가야로1203
　　　　　　　우륵박물관: 경북 고령군 고령읍 가야금길 98
　　　　　문의 054)950-6071, http://daegaya.net

복원된 대가야 시대의 모습

움집 내부

합천박물관

합천박물관은 가라국과 함께 후기 가야를 이끌었던 다라국 지배자의 무덤인 옥전고분군에서 출토된 유물을 전시하고 있는 박물관이지요. 후기 가야 최고의 고분군에서 출토된 유물인 만큼 다른 가야 전문 박물관들의 전시품과는 비교할 수 없는 화려하고 다양한 가야의 유물을 확인할 수 있답니다.

지하 1층, 지상 2층으로 꾸며진 아담한 건물로 주위의 자연환경과 조화를 이루고 있지요. 박물관 정문을 들어서면 광장 중앙에 분수대가 있는데, 이 분수대에 세워진 조형물은 합천박물관의 대표적인 유물이자 상징물인 옥전 M3호분에서 출토된 용봉문양고리자루큰칼의 칼자루를 형상화한 것이랍니다.

박물관 본관의 전시실은 1, 2전시실과 기획전시실로 꾸며져 있어요. 제1전시실은 '다라 역사실'로 옥전고분군에서 출토된 유물을 다라국 역사의 흐름에 따라 전시하고 있어요. 눈여겨볼 자료로는 전시실 중앙에 실물 크기와 거의 같게 복원한 옥전 M3호분 덧널이 있답니다. 이 덧널 안에는 발굴 보고서에 기초하여 고분 축조 당시의 모습대로 출토된 유물을 전시하고 있어 가야 고분 가운데 가장 화려한 유물이 출토된 M3호분의 진면목을 살펴볼 수 있어요.

제2전시실은 '다라 문화실'로 다라국에서 생산되었던 각종 무기, 갑옷·투구 등 방어구, 말갖춤 등의 철제품 코너와 귀걸이, 목걸이 등의 장신구 코너, 다라국이 다른 지역과 활발하게 교류했던 모습을 추정해 볼 수 있는 대외 교류 코너, 각종 의식용 도구 코너 등 구획을 나누어 다양한 문화의 흔적을 살펴볼 수 있도록 전시해 놓았어요. 기획전시실은 선사 시대부터 오늘날까지 이어져 오는 합천 지역의 역사와 문화를 한눈에 알 수 있도록 자료들을 기획 전시하고 있답니다.

　　박물관 주변에는 산책로를 만들어서 전시실의 유물들이 출토된 옥전고분군을 직접 답사도 해보고, 가야를 주제로 한 조각품과 한국의 야생화를 감상할 수 있는 야생화 단지 및 연꽃이 피는 연못을 마련해 놓아 즐거운 산책길이 되도록 꾸며져 있지요.

찾아가기 주소　경남 합천군 쌍책면 황강옥전로 1558(구주소 : 성산리 504번지)
　　　　　문의　055)930-4882, http://mus.hc.go.kr

합천박물관1전시실

합천박물관2전시실

『역사공화국 한국사법정 4 왜 가야는 하나로 통일되지 못했을까?』와
관련한 논술 문제를 풀어 봅시다.

※ 다음 제시문을 읽고 물음에 답하시오.

(가) 대가야의 왕인 가실왕은 악사인 우륵을 시켜 중국의 현악기인
    '금'을 본떠 가야금을 만들게 했습니다. 우리나라를 대표하는 국
    악기 중 하나인 가야금은 이렇게 탄생하게 되었지요.

가야금

(나) 가야 연맹 중에서도 특히 김해 지방에 자리 잡고 있었던 금관가
    야는 철광석이 풍부했을 뿐 아니라 철을 수출하던 대표적인 항
    구도 있었습니다. 그래서 철을 중국과 왜에까지 수출할 수 있었
    지요.

(다) 400년에 가야와 백제가 힘을 합쳐 신라를 공격했습니다. 그리
    고 481년에는 고구려와 말갈군이 신라를 공격하자 대가야와 백

제가 신라를 도와주지요.

1. 여기 제시된 (가)~(다)의 내용은 가야 연맹의 생활상이나 당시 정세를 설명하고 있습니다. 이 내용을 종합해 당시 가야가 어떤 나라였는지 정리해 보시오.

※ 다음 제시문을 읽고 물음에 답하시오.

(가) 가야는 질 좋은 철을 많이 생산하고 이를 수출하는 경제력이 있는 나라였습니다. 하지만 가야는 중앙 집권 국가로 성장하지 못하고 연맹 왕국 단계에 머무를 수밖에 없었지요. 그리고 결국

여러 나라 사이에 끼어 있다가 신라에 의해 멸망하고 맙니다.

(나) • 가뭄에 콩 나듯 한다.

　　• 뭉쳐야 산다.

　　• 강 건너 불구경하듯 한다.

　　• 도둑이 제 발 저리다.

　　• 등잔 밑이 어둡다.

　　• 소 잃고 외양간 고친다.

　　• 사공이 많으면 배가 산으로 간다.

2. (가)는 가야의 멸망에 대한 내용이고, (나)는 여러 가지 속담입니다. 가야의 멸망의 이유로 적합한 속담을 (나)에서 찾아 그 이유와 함께 쓰시오.

　왜 가야는 하나로 통일되지 못했을까?

해답 1 (가)의 내용을 보면 가야의 가야금에 대해 알 수 있습니다. 가야의 이름을 딴 가야금은 우리나라 대표 악기이기도 하지요. (나)를 보면 풍부한 철광석으로 철을 수출한 것을 알 수 있습니다. 또한 (다)를 보면 가야가 힘이 약한 나라가 아니었다는 것을 짐작할 수 있지요.

이러한 내용을 종합해 보면 가야는 문화와 예술이 발달하고 경제적으로도 풍족한 나라였음을 알 수 있습니다. 특히 해상 무역이 발달하여 교역도 활발했지요. 그리고 주위의 여러 나라와도 견제와 협조를 하며 성장했던 나라였음을 알 수 있습니다.

해답 2 여러 나라로 나뉘어 있던 가야는 서로 비슷한 힘을 가지고 있어 어느 한 나라가 통일을 할 수가 없었습니다. 그런데 가야가 있던 당시에는 힘을 키워 영토 확장을 하던 시기였고, 이 틈바구니 속에서 뭉치지 못했던 가야는 멸망의 길을 걷게 됩니다. '뭉쳐야 산다'는 옛 속담처럼 힘을 하나로 합치지 못했던 결과였지요.

* 해답은 예시로 제시된 내용입니다.

왜 가야는 하나로 통일되지 못했을까?

역사공화국 한국사법정 04

왜 가야는 하나로 통일되지 못했을까?

ⓒ 조원영, 2010

초 판 1쇄 발행 2010년 8월 12일
개정판 1쇄 발행 2013년 12월 10일
        7쇄 발행 2024년 11월 1일

지은이   조원영
그린이   이주한
펴낸이   정은영

펴낸곳   (주)자음과모음
출판등록 2001년 11월 28일 제2001-000259호
주소   10881 경기도 파주시 회동길 325-20
전화   편집부 (02) 324-2347 경영지원부 (02) 325-6047
팩스   편집부 (02) 324-2348 경영지원부 (02) 2648-1311
이메일   jamoteen@jamobook.com

ISBN 978-89-544-2304-5 (44910)

철학자가 들려주는 철학 이야기 (전 100권)

아이들의 눈높이에 맞춘 철학 동화!
책 읽는 재미와 철학 공부를 자연스럽게 연결한 놀라운 구성!

대부분의 독자들이 어렵게 느끼는 철학을 동화 형식을 이용해 읽기 쉽게 접근한 책이다. 우리의 삶과 세상, 인간관계에 대해 어려서부터 진지하게 느끼고 고민할 수 있도록, 해당 철학 사조와 철학자들의 사상을 최대한 풀어 썼다.

이 시리즈의 가장 큰 장점은 내용과 형식의 조화로, 아이들이 흔히 겪을 수 있는 일상사를 철학 이론으로 해석하고 재미있는 이야기로 담은 것이다. 또한 아이들의 눈높이에 맞는 쉽고 명쾌한 해설인 '철학 돋보기'를 덧붙였으며, 각 권마다 줄거리나 철학자의 사상을 상징적으로 표현한 삽화로 읽는 재미를 더한다. 철학 동화를 이끌어가는 주인공을 형상화하고 내용의 포인트를 상징적으로 표현한 삽화는 아이들의 눈을 즐겁게 만들어준다. 무엇보다 이 시리즈는 철학이 우리 생활 한가운데 들어와 있고, 일상이 곧 철학이라는 사실을 잘 보여준다. 무엇보다 자기 자신을 극복한다는 것, 인간을 사랑한다는 것, 진정한 인간이 된다는 것, 현실과 자기 자신을 긍정한다는 것 등의 의미를 아이들의 시선에서 풀어내고 있다.

과학공화국 법정시리즈 (전 50권)

생활 속에서 배우는 기상천외한 수학 · 과학 교과서!
수학과 과학을 법정에 세워 '원리'를 밝혀낸다!

이 책은 과학공화국에서 일어나는 사건들과 사건을 다루는 법정 공판을 통해 청소년들에게 과학의 재미에 흠뻑 빠져들게 할 수 있는 기회를 제공한다. 우리 생활 속에서 일어날 만한 우스꽝스럽고도 호기심을 자극하는 사건들을 통하여 청소년들이 자연스럽게 과학의 원리를 깨달으면서 동시에 학습에 대한 흥미를 가질 수 있도록 구성하였다.